© Parker Pen Company, USA, 1985,
für die englische Originalausgabe;
© WDV Wirtschaftsdienst, 6000 Frankfurt 1, 1989,
für die deutsche Ausgabe.
Alle Rechte vorbehalten.
Übersetzung: Ulrike Weinert, M. A. (USA) M. A.
Lektorat: Karl Maute, Ulrike Weinert,
Illustrationen: Hans-Günter Wendel.
Gestaltung: Studio WDV, Rüdiger Lauer.
Satz: Satz Kontor, Rodgau.
Lithografie: Repro Scheiner, Staudernheim.
Druck und Verarbeitung: Druckhaus Münster, Kornwestheim
ISBN: 3-926181-05-2

2. Auflage 1991

VORSICHT FETTNÄPFCHEN

FREMDE LÄNDER, ANDERE SITTEN

INHALT

Kapitel 3:

Ende gut, alles gut: ein Schnellkurs
61

Und dies noch...
99

Anhang:

Wichtige Adressen
101

VORWORT

Zu Gast in Ägypten. Ein Politiker spricht im Radio. Es ist heiß. Das Haus ist groß, viel Stuck. Ein Ventilator kreist unter der Decke. Auch der Marmorboden spendet ein bißchen Kühle.

Acht Männer sitzen in einem Kreis zusammen, einige auf prallen Kissen, andere auf reichverzierten Stühlen, die an Requisiten aus einem Tausendundeine-Nacht-Film erinnern. Sie rauchen Wasserpfeife; einer reicht das hölzerne Mundstück der Huka an den nächsten weiter. Das Wasser blubbert, der Tabak in der kleinen Schale glüht.

Die Gruppe besteht aus sieben Brüdern und einem jungen, ziemlich unerfahrenen Geschäftsmann aus Europa. Die Brüder, traditionell in lange arabische Gewänder gekleidet, sind wichtige Kunden. Frauen fehlen in der Runde. Auch Alkohol gibt es nicht. Das gefühlvolle Arabisch aus dem Radio macht dem Fremden plötzlich die sensible Atmosphäre der Zusammenkunft bewußt. Es geht um ein großes Geschäft.

Zwei Gedanken beschäftigen den Europäer. Erstens: Vermeide um Himmels willen jeden gesellschaftlichen Fauxpas in diesem wichtigen Augenblick. Und zweitens: Mach' dir anschließend im Hotelzimmer Notizen über angemessenes Verhalten im Ausland.

Das war der erste Anstoß zu diesem Buch.

Ob geschäftlich oder privat, wir reisen heute mehr denn je durch die Welt. Aufenthalte in anderen Ländern, in anderen Kulturkreisen verlangen von uns Rücksicht auf die Menschen, mit denen wir dort zusammenkommen. Es gibt überall »Spielregeln«. Zwar ist die Toleranz gegenüber Besuchern in den meisten Ländern mittlerweile recht groß, sie hat dennoch Grenzen. Und wenn wir in einem fremden Land einen guten Eindruck hinterlassen wollen, müssen wir Fehler (die in unseren Augen möglicherweise nicht einmal Fehler sind) vermeiden. Aber: Was sind anderswo »Fehler«?

Für angemessenes Verhalten in anderen Ländern gibt es leider keine Faustregeln. Und so kann denn auch dieses Buch keine Studie über die Gründe für unterschiedliche Sitten und Bräuche der Völker dieser Welt sein. Die Autoren können und wollen nicht mehr als ein Bewußtsein, eine Sensibilität für richtiges Verhalten »in der Fremde« wecken.

Ist Ihnen aufgefallen, daß bisher das Wort »Ausländer« vermieden wurde? Wer möchte schon gerne »Ausländer« sein? Das war, wenn Sie so wollen, die erste Lektion.

Im Idealfall wird dieses Buch jedem (Welt-)Reisenden helfen, eine kleine, unsichtbare Antenne auszufahren, die sorgfältig alle kulturellen Unterschiede und Nuancen registriert. Respektvolles Verständnis für diese Unterschiede wird Verärgerungen, wird Mißverständnissen und auch geschäftlichen Fehlschlägen vorbeugen helfen. Wer sich auf Reisen Wissen über diese Unterschiede zwischen daheim und unterwegs aneignet, kann die neuen Erfahrungen und Eindrücke auch ausgiebiger genießen.

Dieses Buch ist keinesfalls als Standardwerk über richtiges Benehmen überall auf der Welt angelegt. Da und dort sind Einwände denkbar: »Diese Geste oder jenes Verhalten mag vielleicht im Norden des Landes üblich sein, aber auf gar keinen Fall im Süden.« Da stoßen wir an Grenzen. Dieses Buch ist eine Zusammenstellung von Studien und persönlichen Erfahrungen auf einem Gebiet – dem menschlichen Verhalten –, das sich einer allgemeingültigen Darstellung immer entziehen wird. Aufgrund unserer verschiedenen Quellen werden Sie auch Unterschiede im Schreibstil feststellen. Und auch dies noch: Wir sind nicht unfehlbar. (Wir haben sorgfältig gearbeitet, aber ...) Verbesserungsvorschläge, auch Ergänzungen, sind uns immer willkommen. Wir sind dankbar dafür!

KAPITEL 1

DIE GUTEN SITTEN, ETIKETTE UND DAS PROTOKOLL

GROSSE DUMMHEITEN
ODER
DES EINEN LANDES GUTER TON IST DES ANDEREN GRÖSSTE PEINLICHKEIT

Diplomatisches Verhalten ist nicht nur die Aufgabe (die Kunst?) der Diplomaten. Auch Sie erfüllen in einem fremden Land – ob Sie's wollen oder nicht – eine Art diplomatische Mission. Wie Sie sich dort verhalten, wirft zunächst ein Licht – ein gutes oder schlechtes – auf Sie selbst, wirkt sich aber immer auch – positiv oder negativ – auf das Image des Landes aus, aus dem Sie kommen und/oder auf die Firma, für die Sie arbeiten.

Die Welt kennt den »häßlichen Amerikaner«, sie hat ähnliche Klischees auch für andere Nationen parat. Es sind zähe, langlebige Vorurteile, die nicht von ungefähr kommen. Häufig gehen sie zurück auf Verhaltensweisen, die gut gemeint sind und im eigenen Land mit den geltenden Regeln übereinstimmen; in einem anderen Land werden sie als Unhöflichkeit gewertet, als Grobheit gar, bis hin zur Beleidigung.

Drei vielgereiste Geschäftsleute schildern hier, wie selbst »alte Hasen« manchmal noch, ungewollt natürlich und dennoch selbstverschuldet, in peinliche Situationen geraten, wie sie Falsches am falschen Ort und zur falschen Zeit sagen oder tun, kurz und gut: wie sie in Fettnäpfchen treten.

Der Direktor einer großen deutschen Privatbank: Wenn der Vorstandsvorsitzende Lo Win Hao heißt, lächeln Sie dann freundlich und fragen »Wie geht es Ihnen, Herr Hao?« oder sagen Sie »Herr Lo« oder »Herr Win«?

»Ich reiste fast um die halbe Erde zu einem Kunden. Ich hatte die Namen aller wichtigen Herren, die ich in Singapur treffen würde, auswendig gelernt. Da sich alle Namen aus drei Teilen zusammensetzten, war das keine leichte Aufgabe gewesen. Natürlich konnte ich der Versuchung nicht widerstehen, ein bißchen damit anzugeben, wie gut ich meine Hausaufgaben gemacht hatte. Ich wandte mich also mit einem wohlplazierten ›Herr Hao‹ an den Vorsitzenden Lo Win Hao und krönte meine übrigen Ausführungen mit einem ›Herr Chee‹ hier und einem ›Herr Woon‹ dort. Ich fühlte mich großartig – bis mir eine Notiz von einem Teilnehmer der Konferenz zugeschoben wurde (ich hatte ihn zuvor in Frankfurt kennengelernt). Schlechte Nachricht: ›Sie sind viel zu schnell persönlich geworden‹, stand da. Wo vornehme Zurückhaltung eine Tugend und ein Schlüssel zum Erfolg ist, hatte ich einen Haufen VIPs tatsächlich einfach ›Herr Fritz‹ und ›Herr Hans‹ genannt. Ich hatte mir zwar die Namen aller teilnehmenden Herren eingeprägt, aber völlig außer acht gelassen, daß im Chinesischen der Nachname zuerst steht und dann erst der Vorname folgt.«

Die Mitarbeiterin einer internationalen Hilfsorganisation: Die Dame tritt mit ihrer neuen Halskette auf, und alle Anwesenden lachen Tränen (oder: Was man in Togo abends besser nicht trägt).

»Ich habe den größten Teil meines Lebens in Ländern der ›Dritten Welt‹ verbracht. Ich müßte also eigentlich wissen, wie man sich dort kleidet. Einer der dümmsten Fehler, die man überhaupt machen kann, ist der, sich eine fremde ›Tracht‹ anzuziehen, es sei denn, Sie wissen genau, was Sie tun! Als ich einmal in Togo zufällig die schönste Perlenkette entdeckte, die ich jemals gesehen hatte, kaufte ich sie kurzentschlossen und wollte sie natürlich auch sofort tragen. Auf einer Reise durchs Landesinnere nahm ich die erstbeste Gelegenheit dazu wahr. Ich wußte damals nicht, daß in Togo Perlen nicht um den Hals getragen werden, sondern um die Hüften, um eine Art Lendenschurz unter dem Rock zu befestigen. Ich stolzierte also abends in den Saal mit einer Kette um den Hals, die in den Augen der Togoer ein Teil der – Unterwäsche ist.«

Der Finanzvorstand einer internationalen Firmengruppe für Datenverarbeitung: Können Sie sich vorstellen, daß eine Schnupfnase Grund genug ist, vom Fleck weg verhaftet zu werden?

»Wir waren zu zweit unterwegs nach Kolumbien. Mein Begleiter brachte von zu Hause schon eine ausgewachsene Erkältung mit. Er schnaubte und schneuzte sich, und als wir nach der Landung durch die Zollkontrolle gingen … ich weiß nur, daß ich gerade noch sah, wie zwei Bewaffnete meinen Begleiter abführten. Ich wollte sie aufhalten, verlangte eine Erklärung. Es konnte sich doch nur um eine Verwechslung, um ein Mißverständnis handeln! Aber mein Spanisch war wohl zu dürftig. Ich war wie vor den Kopf geschlagen. Kein guter Anfang. Da schaltete sich eine Frau ein, eine Kolumbianerin offenbar. Und sie klärte ziemlich schnell die verworrene Lage:

Perlen trägt man in Togo
anderswo.

Das Schneuzen und Schnauben, mit dem mein Begleiter durch den Flughafen ›schwebte‹, hatte ihn in den fatalen Verdacht gebracht – Kokain zu ›schnüffeln‹.«

EIGENARTEN – UNARTEN

Wenn doch nur die Zollinspektoren der ganzen Welt ihre Schäferhunde so trainieren könnten, daß sie die unsichtbaren Mitbringsel erschnüffeln, die wir in fremde Länder »schmuggeln«. Etliche dieser Mitbringsel sind richtige Bomben mit Zeitzündern, und weil sie so eingestellt sind, daß die leiseste Erschütterung sie hochgehen läßt, können sie einen Abend in einem andalusischen Restaurant ebenso sabotieren wie einen Traktorenhandel in China, der gut und gern fünf Millionen Mark wert war.

DAS SIND DIE DREI BERÜHMT-BERÜCHTIGTSTEN MITBRINGSEL:

Warum sprechen die andern eigentlich nicht unsere Sprache? Aus dem gleichen Grund, aus dem wir nicht Katalanisch oder Hindi sprechen. Gut, es ist ein Wunder – und macht das friedliche Zusammenleben von Völkern und Menschen nicht eben einfacher –, daß es so viele Sprachen gibt (fünftausend, ein paar mehr oder weniger, die wichtigsten Dialekte mitgezählt). Aber: Schön, daß es Wunder gibt. Und Menschen, die »Ich liebe dich« und noch einiges mehr gleich in zwei oder drei Sprachen sagen können. Viele Afrikaner wachsen nach wie vor mit der Sprache des Volkes auf, das sie einst kolonisiert hat, zusätzlich beherrschen sie einheimische Sprachen und Dialekte. Geschäftsleute aus dem Nahen Osten wechseln mühelos aus ihrer Landessprache ins Oxford-Englisch und ins Quai d'Orsay-Französisch. Auch Europäer, zumal die aus den kleineren Staaten, sind häufig mehrsprachig. Nur der größte Teil der englischsprechenden Welt ist selbstgenügsam: Englisch, das langt!

Sauerkraut mit Würstel. Ein Afrikaner, unterwegs in Europa, erwartet nirgendwo seine heimische Küche. Aber Europäer auf Reisen ...? Sie bestellen selbstverständlich Leberkäs' mit Spiegelei in Mombasa, Streuselkuchen in Torremolinos, Spaghetti vongole in Kathmandu und überall Kaffee »wie bei Muttern«. Und weil mehr Deutsche verreisen und häufiger und weiter verreisen als alle anderen, leiten viele daraus Ansprüche ab: Wer mein Geld will, muß kochen, was mir schmeckt. Hausmannskost. Keine Experimente bitte! Wat de Buur nich kennt ... Diese Reisenden gleichen Leuten, die ein Buch lesen wollen, ohne es aufzuschlagen.

Am deutschen Wesen ... Natürlich sind unsere Autos, Tennisspieler und Hoteldirektoren, die wir »exportieren«, und, und und ... – natürlich sind sie schneller, härter, tüchtiger als andere. Wir machen daraus noch mehr: Sie sind besser, am besten. Wir geben anderen keine *guten* Ratschläge, wir geben die *besten.* Und wir erwarten, daß sie unverzüglich angenommen und befolgt werden. Es ist alles wirklich gut gemeint! Den anderen indes muß es nur zu oft wie Bevormundung erscheinen, nach Überheblichkeit klingen und nach – »neureich«. Es war einmal ... da streiften unsere Ahnen noch keulenschwingend durch die Wälder. Eine halbe Welt davon entfernt hatte ein Volk bereits eine hohe Kultur entwickelt. Und jetzt erteilen wir einem Sohn dieses Volkes eine Lektion: Auf einem chinesischen Friedhof beobachtet ein Tourist lächelnd einen Chinesen, der ehrfurchtsvoll frisches Obst auf ein Grab legt. »Was glauben Sie denn, guter Mann, wann werden Ihre Vorfahren auferstehen und von den Früchten essen?« – »Nicht bevor Ihre auferstehen, um an Ihren Blumen zu riechen!«

NUR EINE AUSREDE: BENEHMEN IST GLÜCKSACHE!

Wir haben schlechte Angewohnheiten, jeder von uns – in den Augen von anderen. Nach der alten Regel »Andere Länder, andere Sitten« bringt uns korrektes Verhalten nach dem Benimmkodex unseres

Landes im Ausland gelegentlich in peinliche Situationen, fast zwangsläufig. Mit beiden Beinen stehen wir dann in einem Fettnäpfchen. Die übrige Runde guckt betreten. Nur wir sind ahnungslos, arglos ...

Wenn man doch bloß wüßte! Das gilt für alle. Wenn man doch bloß mehr von den anderen, den Fremden wüßte! Von ihren ungeschriebenen Gesetzen, vorgegeben von Tradition und Religion. Mehr wüßte von ihren »Do's und Taboos«.

Es geht dabei nicht um Geheimnisvolles, sondern um simple Normen, um Manieren. Das Richtige tun und Falsches lassen ist nicht abhängig vom Zufall, ist nicht Glücksache. Dies alles kann man lernen. Man braucht dazu nur die richtigen Informationen. Eine ganze Reihe von Firmen, US-Unternehmen hauptsächlich, schickt deshalb Mitarbeiter vor einem Auslandseinsatz in Seminare, wenigstens in einen Schnellkurs. Was den Teilnehmern dabei an Wissen und Einblicken vermittelt wird, davon kann jeder, der verreist, profitieren. Wie, das zeigen folgende Beispiele.

Zum Beispiel (1):

Was ist das schon, ein Name?

Auf Wiedersehen. Notowidigeo. Guten Tag. Sastroamidjojo. In Außenministerien sind Namen fast genau so wichtig wie die Außenpolitik selbst. Die persönliche Referentin eines Außenministers erinnert sich: Tagelang hatte sie geübt, den Namen des Botschafters von Sri Lanka, Notowidigeo, korrekt auszusprechen. Eine Stunde vor Beginn des ersten Empfangs mit ihm wurde ihr mitgeteilt, daß nicht der Botschafter, sondern Herrn Sastroamidjojo kommen würde: »Sie ahnen gar nicht, wie schnell Sie einen solchen Zungenbrecher lernen können, wenn Ihnen nichts anderes übrigbleibt.«

Die erste Kontaktaufnahme zwischen zwei Menschen und gleichzeitig die erste Gelegenheit, einen guten oder einen schlechten Eindruck zu machen, bietet sich beim gegenseitigen Vorstellen. Bei uns kann man dabei nicht sehr viel falsch machen. Aber anderswo. Besonders in Asien, wo Namen häufig den Rang und den Familienstatus ausweisen, kann ein Fehler bei der Vorstellung eine glatte Beleidigung sein.

Ein erfahrener Viel-Reisender hat es sich zur Gewohnheit gemacht, sein Gegenüber offen zu fragen: »Wie möchten Sie gerne angesprochen werden?« Er hat dabei die Erfahrung gemacht: »Es ist besser, mehrere Male nachzufragen, als es nur ein einziges Mal falsch zu machen«.

Aber gerade wenn Sie glauben, das internationale Spiel mit Namen endlich begriffen zu haben, ändern sich die Regeln. Oder Sie stoßen auf Ausnahmen. Zum Beispiel in Südamerika. Namen sind dort meist eine Zusammensetzung des Vater- und Mutternamens. Als Anrede wird jedoch nur der Vatername benutzt. In den spanischsprechenden Ländern steht dieser Vatername an erster Stelle. Carlos Mendoza Miller ist also »Herr Mendoza«. Im portugiesischsprechenden Brasilien ist es jedoch gerade umgekehrt, dort steht der Muttername zuerst.

In Asien gilt das chinesische System, nach dem die Nachnamen zuerst gesetzt werden und dann die Vornamen, nicht überall, nicht einmal unter Chinesen. Die Taiwaner, von denen viele in Missionsschulen erzogen wurden, haben häufig einen christlichen Namen, der vor alle anderen gesetzt wird – wie bei Tommy Ho Chin, der förmlich Herr Ho genannt wird, von seinen Freunden jedoch Tommy Ho. Vornamen erscheinen ganz offiziell oft nur als Initialen, dann ist Herr Y.Y. Lang einfach Y.Y., ganz egal, wofür die Abkürzung steht. In Korea wird es noch komplizierter: Welcher Name »Herr« vorgesetzt bekommt, hängt ausschließlich davon ab, ob der Angesprochene erster oder zweiter Sohn seines Vaters ist. Und in Thailand, wo die Namen wie im Chinesischen rückwärts laufen, wird das »Herr« dem Vornamen vorgesetzt. Für einen Thai ist es ebenso wichtig, mit seinem Vornamen angesprochen zu werden, wie es für den Japaner ein Gebot der Höflichkeit ist, den Familiennamen zu verwenden. Wenn Sie zu einem Japaner schon eine sehr freundschaftliche Beziehung haben, ist es Ihnen erlaubt, das »Herr«

wegfallen zu lassen und statt dessen ein »san« an seinen Familiennamen anzuhängen: aus Herrn Ishikawa wird dann Ishikawa-san.

Und nun tragen Sie es mit Fassung, daß Sie dies alles wieder vergessen und mißachten können: dann nämlich, wenn Geschäftsleute aus Fernost, die regelmäßig mit Westlern Geschäfte machen, die Stellung ihrer Namen verändern – um uns nicht zu verwirren! Sie passen sich unseren Regeln an, stellen ihren Vornamen vor den Familiennamen – und wir stehen wieder mal im Fettnäpfchen. Im Zweifelsfall: Fragen Sie einfach!

Im Ausland ist Ihre Visitenkarte manchmal ein wichtigeres Dokument als Ihr Reisepaß, ist sozusagen der Beweis (den der andere mit nach Hause nehmen kann), daß es Sie wirklich gibt. Auch bei einem Miteinander-Bekanntmachen von Touristen und Einheimischen ist sie durchaus angebracht und hilfreich. Bei Geschäftskontakten ist sie jedoch ein »Muß«. Nicht nur, weil Ihr Name – gesprochen – für einen Ausländer fremd klingt und leichter zu behalten ist, wenn er ihn geschrieben sieht, sondern auch, weil Ihre soziale Stellung und Ihr Beruf in anderen Ländern oft wichtiger genommen werden als daheim. In Italien zum Beispiel berechtigt ein einfacher Hochschulabschluß dazu, ein »Dr.« vor den Namen zu setzen; auch der Titel »Professor« wird in etlichen Ländern viel großzügiger gebraucht als bei uns. In Asien ist es wichtig, *was* Sie sind, welchen Platz in der Rang(Hack-)ordnung Sie einnehmen.

Verwenden Sie auf Ihrer Visitenkarte keine Abkürzungen, die im Ausland nicht verstanden werden können. Und überreichen Sie in Südostasien, Afrika und im Nahen Osten Ihre Visitenkarte nicht mit der linken Hand, in Japan aber mit beiden Händen. Überzeugen Sie sich, daß dabei die Schrift zum Empfänger zeigt.

ZUM BEISPIEL (2):

DER TON MACHT DIE MUSIK

Wenn Sie im Ausland Ihren Gastgebern ein paar nette Worte in deren Sprache sagen, werden Sie bestimmt nur selten Mißverständnisse zu befürchten haben. Es zählt dabei vor allem das Bemühen, die Geste. Und auch eine für uns exotische Sprache wie das Chinesische sollte Sie nicht von Ihrem Vorhaben abhalten. Obgleich das Chinesische seine Tücken hat: Eine andere Stimmlage verändert bereits die Bedeutung eines Wortes.

Auf einem offiziellen Empfang in Peking hatten die europäischen Gäste gerade ihre Stäbchen beiseite gelegt. Der Zeitpunkt für eine kleine Ansprache in schnell einstudiertem phonetischem Chinesisch war gekommen. »Ich bedanke mich sehr für das Essen. Ich bin jetzt so satt, daß ich meinen Gürtel lockern muß«, so sollte der kleine vorbereitete Spruch lauten. Tatsächlich kam das dabei heraus: »Der Gurt von Ihrem Eselssattel ist locker«. Es hätte auch noch schlimmer kommen können.

Manchmal wird die Art, wie wir sprechen, ebenso mißverstanden wie das, was wir versuchen auszudrücken. Der »Konversations-Tango«, den wir unwillkürlich im Umgang mit Südamerikanern »tanzen«, ist ein gutes Beispiel dafür. Die meisten von uns halten bei einer normalen Konversation eine gewisse Distanz zum Gegenüber ein, zwei oder drei Schritte. Südamerikaner fühlen sich bei einem solchen Abstand einsam und verlassen und versuchen sofort, Intimität und Intensität wiederherzustellen: Sie rücken näher. Noch näher. Immer noch näher. Daraufhin treten Sie einen Schritt zurück, um die ursprüngliche Distanz wiederherzustellen. Südamerikaner rücken dann wieder vor, um Nähe herzustellen. Zurück – vor – zurück – vor: Chacha-cha. Das Problem liegt in dem Eindruck, den Ihr Gegenüber von Ihnen bekommen könnte: 1. Sie sind arrogant! 2. Er selbst ist nicht nett genug, man hält es nicht bei ihm aus. Beides ist fatal. Und die Verlegenheit, die daraus auf beiden Seiten entsteht, ist sehr peinlich. Bleiben Sie also standhaft – und lassen Sie ihn kommen.

BRITISCHES ENGLISCH

»England und Amerika«, sagte der irische Spötter George Bernhard Shaw, »trennt die gemeinsame Sprache«. Wenn Sie z. B. amerikanisches Englisch gelernt haben, wird das britische Englisch für Sie so fremd klingen wie vornehmes Hanseaten-Deutsch für einen Schweizer. Kühlschrank, Toilette, Fernseher, Radio und Drogerie lassen sich noch leicht von einer Sprache in die andere übersetzen, jedes bessere Wörterbuch unterscheidet da schon: Der englische »fridge« wird in den USA zur »icebox«, »loo« zum »john«, »telly« zur »tube«, »wireless« zum »radio«, und »chemist« ist in Amerika nun mal ein »drugstore«. Aber wer vermutet hinter dem englischen »bonnet« (Schottenmütze) eine Motorhaube, hinter »vest« (Weste) ein Unterhemd, hinter »panda« (Bär) ein Polizeiauto und hinter »counter jumper« einen Verkäufer? Und wer weiß, daß »fanny« (Hintern) im Vereinigten Königreich ein indiziertes Wort ist? (Sagen Sie lieber »bum«.)

Übrigens: Das britische und das amerikanische Englisch finden ihre Parallele im deutschen, österreichischen und schweizerischen Deutsch. In Deutschland zum Beispiel wohnt man »auf dem Land«, in Österreich »am Land«, die deutsche Aprikose ist eine österreichische »Marille«, Meerrettich heißt dort »Kren«, der Metzger ist ein »Fleischhauer« und die Mücke eine »Gelse«. Vom schweizerdeutschen Wortschatz ganz zu schweigen …

In Schottland gibt es nur einen einzigen »Scotch«: das ist der, den Sie trinken. Die Schotten selber sind »Scots« und die Sprache ist »Scottish«. Verwechseln Sie die drei niemals! Im Nahen Osten unterläuft Ihnen mehr als nur ein Lapsus linguae, wenn Sie sich auf den Persischen Golf beziehen; dort heißt es immer »Arabischer Golf«. Und Moslems hören sich nicht gerne »Mohammedaner« genannt. Sagen Sie auch besser nicht »Rußland«, nachrevolutionärer Takt gebietet es, das Land als »UdSSR« zu bezeichnen.

Das Niemals-Niemals-Land

Es gehört zu den Grundregeln japanischer Kultur, daß die beste Miene aufgesetzt werden muß, auch in der unangenehmsten Situation. Das hört sich zwar beruhigend an, kann aber große Verwirrung stiften. Für jemanden aus der westlichen Welt, der gewöhnt ist an ein klares »Ja« oder »Nein«, ist zum Beispiel ein Geschäft entweder abgeschlossen oder nicht zustande gekommen. Für seinen japanischen Partner kann ein Lächeln, ein Nicken, selbst eine wortwörtliche Bejahung ein in Höflichkeit eingehülltes »Nein« sein. Es widerstrebt Japanern einfach, jemanden in Gegenwart anderer zu enttäuschen. Ihn um eine klare Antwort auf Ihren Vorschlag zu bitten, würde ihn nur beleidigen, seine Antwort darauf würde keine Bedeutung haben. Im Geschäftsleben erwartet man, daß solche Einzelheiten auf einer unteren Ebene abgehandelt werden.

Wenn Sie also ein »Nein« in Japan hören, egal, ob es von einem Taxifahrer oder von einem Industrieboß kommt, dann ist es eher wahrscheinlich, daß es sich dabei nicht um ein Wort, sondern um ein Luftschnappen durch die Zähne handelt, das so ähnlich wie ein »Sah« klingt. Ansonsten ist das Äußerste, was Sie erwarten können, ein bedauerndes »Schwer zu sagen ...«

Einige Sprachen können so, wie Landesgäste sie sprechen, von Einheimischen praktisch nicht verstanden werden. Dennoch: Wie gut oder schlecht Sie auch eine Fremdsprache sprechen, etwas von dem, was Sie sagen wollen, wird ankommen – auf alle Fälle haben Sie sich für Ihre Mühe schon ein Fleißkärtchen verdient. Und wenn Sie einen Trinkspruch oder eine Grußformel auswendig gelernt hersagen, wird das Eis fast immer gebrochen sein.

In Frankreich, wo man auf die eigene Sprache genauso stolz ist wie auf die Trikolore, werden Sie erleben, daß Sie, wann immer Sie Ihr Wörterbuch hervorkramen, einen kleinen Menschenauflauf verursachen, weil alle versuchen, Ihnen zu helfen, und sei es nur, um das Geheimnis eines so einfachen Satzes wie »Wo, bitte, geht es zur Metro« zu enträtseln.

Falls Ihre Gastgeber im Ausland Deutsch sprechen, vermeiden Sie saloppe Umgangssprache und Dialektausdrücke. Das gilt auch dann, wenn Sie Ihre Zuhörer über einen Dolmetscher erreichen. Ob absichtlich oder nicht: Was er übermittelt, entspricht möglicherweise nicht mehr dem, was Sie eigentlich sagen wollten. Der Sprecher einer Handelsgesellschaft aus Hamburg, der bei einer Pressekonferenz in Übersee einen Dolmetscher einschaltete, merkte irgendwann, daß seine Mitteilung mißverstanden wurde. Der Dolmetscher hatte nur ein wenig Farbe in ein seiner Ansicht nach todlangweiliges Geschäftsgespräch bringen wollen. Wenn möglich, ziehen Sie deshalb jemanden hinzu, der beide Sprachen beherrscht, damit er für Sie die Übersetzung kontrollieren kann, so daß Sie am Ende auch wissen, was Sie wirklich gesagt haben.

ADENAUER? WER IST DENN DAS?

So wird ein Gast in Bonn kaum Freunde gewinnen! Ebenso geht es aber uns, wenn wir über eine fremde Türschwelle treten, ohne uns vorher ein Grundwissen über Regierung, Wirtschaft, Religion, Geschichte oder die nationalen Besonderheiten angeeignet zu haben. Andererseits können Schnelltrips durch Kontinente oder gleich um die ganze Welt nach dem Motto »Wenn heute Dienstag ist, dann muß dies Bali sein« auch dem flexibelsten Reisenden die Sprache verschlagen.

ÜBER GESCHÄFTE REDEN

Genauso wichtig wie der richtige Zeitpunkt für geschäftliche Verhandlungen kann die Erkenntnis sein, wann Sie besser das Thema wechseln. In England zum Beispiel gilt: Sobald der Tag zu Ende geht, ist auch das Geschäftliche abgetan, und nichts kann Ihren Gastgeber mehr irritieren als die Fortsetzung geschäftlicher Gespräche abends beim Essen und Trinken. Im Gegensatz zu den Engländern kennen die Japaner fast keinen Unterschied zwischen einem Geschäftstag und einer Geschäftsnacht. Sie empfinden es als Teil ihres privaten und ihres beruflichen Lebens, fast jeden Abend mit irgendwelchen Geschäftspartnern zu verbringen, natürlich nicht im

Büro, sondern in Bars, Nachtclubs, Geisha-Häusern und privaten Clubs. Ob nun ausschließlich über Geschäftliches gesprochen wird oder nicht – der Anlaß ist in jedem Falle »business«. »Sie erreichen die Seele eines Mannes in der Nacht«, lautet ein japanisches Sprichwort. Es spielt keine Rolle, wie viele Ihrer Geschäftstage Sie um 4 Uhr morgens beenden; sich davor zu drücken, wäre schlechtes Benehmen und schlechter Geschäftsstil. Es gibt jedoch auch in Japan einen Zeitpunkt, an dem Sie nicht über Geschäfte sprechen sollten: zu Beginn der ersten Zusammenkunft. Das erste Kennenlernen erfolgt nach einem bestimmten Ritual: Visitenkarten werden ausgetauscht, Tee wird gereicht, und dann wird Tee nachgeschenkt und dann noch einmal. Es spielt keine Rolle, wie sehr Sie darauf brennen, nun endlich zum Thema zu kommen, für diesen ersten Schritt müssen Sie sich Zeit nehmen, denn die Japaner brauchen diese Zeremonie, um abzuschätzen, wer Sie sind, wo Sie einzuordnen sind in der Hierarchie Ihrer Firma und in welchem Verhältnis Ihr Status zur eigenen Position steht. Diese Informationen über Sie werden nicht nur unter den Anwesenden weitergegeben, sondern auch an Leute, die sich nicht einmal im Raum befinden. Ihre Gegenüber können so jederzeit genauestens absprechen, wie man Sie zu »nehmen« hat.

Den gleichen langsamen, analysierenden Anfang kennt man auch in den arabischen Staaten. Dort gibt es noch eine zusätzliche Variante: die vielen gleichzeitigen Verhandlungen und Gespräche. Während jemand mit Ihnen geschäftlich in seinem Büro verhandelt, kann er zugleich mit einer Reihe anderer Leute über ganz andere Dinge reden. Es kann sein, daß er Sie mitten in einem Satz vergißt und erst nach einer Viertelstunde wieder auf Sie zurückkommt. Das ist keine Respektlosigkeit, dies ist der »Familienstil«, in dem im Nahen Osten Geschäfte gemacht werden. Seien Sie deshalb nicht überrascht, wenn ein Gespräch, für das Sie eine Stunde eingeplant hatten, sich über zwei oder drei Stunden hinzieht. Und übergehen Sie niemanden, nur weil Sie glauben, so zu einer schnelleren Entscheidung zu gelangen. Das Gegenteil wird der Fall sein.

Zum Beispiel (3):

Essen und Trinken Sie mit Genuss – und Verzicht

Eine Einladung zum Essen in einem fremden Land hat ihren eigenen Stellenwert. Man kann es tatsächlich in Worten nicht besser ausdrücken, was man Ihnen damit sagen will: Nett, Sie kennenzulernen … Ich freue mich, mit Ihnen zusammenzuarbeiten … oder: Ich bin erfreut, Sie in meinem Land begrüßen zu dürfen. Daraus folgt, daß ein solches Essen nicht die richtige Gelegenheit ist, »Nein, danke« zu sagen. Und daß Sie das, was sich auf Ihrem Teller befindet, annehmen, bedeutet zugleich, daß Sie Ihren Gastgeber und sein Land akzeptieren. Ganz egal, wie zäh das Fleisch auch sein mag, zeigen Sie Appetit. Essen Sie, was man Ihnen vorsetzt.

Sehr oft wird das, was Ihnen angeboten wird, des Landes kulinarischer Höhepunkt sein – in den Augen Ihres Gastgebers, versteht sich. Wie würden wir auf einen fremden, vielleicht exotischen Besucher reagieren, der selbstgebackenen Apfelkuchen oder eine Schlachtplatte ablehnt? Überempfindlichkeit hat ihre Ursache nicht so sehr im angebotenen Essen selbst, sondern vielmehr in unserer mangelhaften Vertrautheit damit.

Eine Auster sieht nicht besser, appetitlicher aus als ein Schafsauge, und einen Hummer, der erste, den man im Leben sieht, könnte man eher für einen Bewohner von einem anderen Stern halten als für eine Delikatesse. Schafsaugen gelten im übrigen in Saudi Arabien und in Island als ausgesuchte Köstlichkeit, in China dagegen ist es die Bärentatzensuppe.

Kann man »Delikatessen« dieses Kalibers höflich ablehnen? Die meisten erfahrenen Reisenden sagen »nein«, wenigstens ein paar Bissen sollte (muß) man kosten. Es hilft übrigens, wenn man das, was da auch immer auf dem Teller liegt, sehr fein schneidet. Das verändert die Struktur, so daß optisch schwer Verdauliches fast verschwindet und damit auch die »Erinnerung« daran, was es wirklich ist und wo es herkommt. Und noch eines: Schlucken Sie's schnell runter!

Es hilft auch, wenn Sie gar nicht wissen, was Sie da essen. Fragen Sie besser nicht danach. Ihr Gastgeber wird geschmeichelt sein, wenn Sie einfach seinem Beispiel folgen. Und wer weiß, vielleicht schwimmt tatsächlich nur ein Hähnchen im Eintopf?

In der westlichen Welt werden Sie weniger Probleme mit dem Exotischen als mit der Reichhaltigkeit haben. In Italien und Spanien (ebenso in Südamerika) ist das Mittagessen die Hauptmahlzeit des Tages und kann deshalb gut und gern zwei oder drei Stunden dauern. Und ein halbes Dutzend Gänge ist eher die Regel als die Ausnahme. Nehmen Sie lieber nur wenig von jedem Gang, besonders wenn mächtige Nudelgerichte angeboten werden. Es hilft auch, sich zwei Vorspeisen zu bestellen. Die zweite Vorspeise wird dann zur Zwischenmahlzeit. So essen Sie sparsam, aber doch höflich und in der gleichen »Geschwindigkeit« wie Ihr Gastgeber.

Fisch wird in Japan oft roh serviert. Fast jede Mahlzeit beginnt damit, und in einigen Restaurants wird auch nichts anderes angeboten. Sushi zum Beispiel (eine Rolle aus rohem Fisch, in die kunstvoll Reis eingewickelt ist) und sashimi (dasselbe, nur ohne Reis) sind ein Problem für Uneingeweihte, da sie nicht in kleine Bissen zerschnitten werden. Man schluckt einfach das ganze Stück. Mittlerweile aber gibt es auch schon Sushi aus rotem Kaviar, manchmal bekommt man auch Gemüse als Ersatz. Ein Schweizer Reisender, fest davon überzeugt, alles gesehen – und gegessen zu haben, was es überhaupt gibt, fand schließlich im Chefkoch eines Luxusrestaurants in Tokio seinen Meister: Dieser brachte einen lebendigen Fisch, noch zappelnd, auf den Tisch, zerschnitt und zerlegte ihn und servierte dann Stück für Stück.

DAS WORTLOSE CHINESISCHE »NEIN«

Chinesen (die in Taiwan ebenso wie die in Singapur, Hongkong und auch auf dem Festland) können auf höfliche Art »nein« sagen – ohne es zu sagen. Eine lange Geschichte, nie völlig frei von Hunger und Entbehrung, hat Chinesen gelehrt, es als schlechtes Benehmen zu betrachten, den Teller eines Gastes nicht ständig wieder zu füllen – und damit den Gast zu verpflichten, ständig weiterzuessen, solange noch etwas auf dem Teller ist. Daraus kann ein endloses Mahl werden. Eine verzwickte Situation. (Übrigens gilt es in China nicht als unhöflich, einen Gast mit den gleichen Stäbchen zu bedienen, mit denen man selbst ißt.) Es gibt natürlich – für Insider – Mittel und Wege, das Nachfüllen zu stoppen: Halten Sie Ihre Reisschale dicht am Mund, bis Sie fertig sind. Dann legen Sie Ihre Stäbchen quer über das Schälchen; das ist das Signal: »Es ist genug«. Um »danke« zu sagen, klopfen Sie mit den Fingerspitzen leicht auf den Tisch. Und lassen Sie immer etwas Essen in Ihrem Schälchen, um anzuzeigen, daß Ihr Gastgeber so großzügig war, daß Sie unmöglich alles aufessen konnten. Haifischflossensuppe ist oftmals der Höhepunkt einer aus mehreren Gängen bestehenden chinesischen Mahlzeit, sie wird irgendwann in der Mitte serviert. Das ist dann auch der richtige Zeitpunkt für einen Trinkspruch. Und noch etwas: Der vorletzte Gang ist in der Regel einfacher gekochter Reis. Den sollten Sie höflich ablehnen! Denn wer da zugreift, gibt zu verstehen, daß er noch hungrig ist – für den Gastgeber eine glatte Beleidigung.

In der Sowjetunion ist es nicht ungewöhnlich, Restaurants zur Mittagszeit geschlossen vorzufinden – auch für Delegationen und Funktionäre. Die Angestellten sind gerade selbst beim Essen. Es kann in Restaurants bis zu zwei Stunden dauern, bevor ein Kellner oder eine Kellnerin Sie eines Blickes würdigt. In einem Touristenrestaurant ist die Speisekarte dann oft plüschbezogen, hat goldene Troddeln und – befand einmal ein Amerikaner – »annähernd so viele Wörter wie Tolstois ›Krieg und Frieden‹«. Ein beachtliches Angebot. Aber wenn Sie bestellen: njet, njet, njet. Das haben sie heute nicht ... und das nicht ... und das auch nicht. Geben Sie's auf und fragen Sie, was sie denn heute haben. In einigen Restaurants wird es Fisch sein, in anderen Hähnchen.

Hoch die Gläser –
oder doch lieber nicht?

Mit Ausnahmen der meisten islamischen Länder gilt es als besonderes Zeichen von Gastfreundschaft, Ihnen einen feucht-fröhlichen Abend zu bieten. Eine Weigerung ist in aller Regel aussichtslos, sie käme auch einer (beleidigenden) Zurückweisung gleich. Die Trinksprüche an solchen Abenden beruhen wie der Handschlag auf Gegenseitigkeit: Wenn einer anfängt, müssen alle folgen! Mit einem »Nein danke, ich trinke nicht« werden Sie sich selten elegant aus der Affäre ziehen können. Auch hilft der Hinweis wenig, daß Sie früh aufstehen müssen – das müssen die anderen auch. »Ich versuche dann immer, ein Glas Wein zu bekommen und nicht das einheimische Feuerwasser«, verrät ein deutscher Einkäufer. Aber es gibt Weine…! Georgischer Wein zum Beispiel, in der Sowjetunion ein Spitzenwein, ist alles andere als harmlos.

Die Skandinavier sind Schnapstrinker; man hält auch beim Trinken auf Formen: Das Glas wird in einem schwungvollen Bogen von der Gürtelschnalle zu den Lippen geführt, dabei blickt man seinem Gastgeber fest (und unerschrocken) in die Augen. Es braucht nur sehr wenige Gläser Aquavit und ein paar Biere, und Gastgeber und Gast glauben Nordlichter zu sehen. Auch Mao-tai, ein chinesischer Branntwein (aus Sorghum, einem hirseähnlichen Getreide), hat eine »umwerfende« Wirkung…

In Afrika *müssen* Europäer Whisky oder Gin trinken, so will es koloniale Tradition, und so wollen es die heutigen Gastgeber. Jeden Morgen um 9 Uhr wurde einem Besucher Kenias ein großer Kürbis voll mit Scotch in seinem Bungalow serviert. Der Gastgeber hatte sich einfach an den good old days ausgerichtet. Zu welcher Tageszeit die Kolonialherren wieviel Scotch damals tranken, war im Laufe der Jahre nebensächlich geworden.

ZUM BEISPIEL (4):
NATÜRLICH MACHEN KLEIDER LEUTE, ABER ...

Eine Abendgesellschaft in Australiens Hauptstadt Canberra. In einem Meer von ebenholzschwarzen Abendanzügen und gestärkten weißen Hemdbrüsten tanzte ein kleiner Aufmüpfiger in Farbe: Der amerikanische Botschafter trug ein glänzendes erbsengrünes Sportjackett und dazu buntkarierte Hosen. »Warum«, wunderte sich seine Frau, »starren uns diese Aussies eigentlich jedesmal so an, wenn wir an einem ihrer Empfänge teilnehmen ...?«

Wo immer Sie hinkommen – was Sie unter Fremden tragen, sollte diesen niemals (zu) fremd erscheinen. Das heißt indes nicht, daß Sie in deren »Tracht« – in Marokko zum Beispiel in eine Djellabah – schlüpfen müßten. Im Gegenteil. Tragen Sie einfach das, worin Sie natürlich aussehen, was Sie tragen können und was in der jeweiligen Umgebung auch angebracht ist. Zum Beispiel wird eine Dame in einem maßgeschneiderten Hosenanzug, selbst wenn sie dazu hochhackige Schuhe und eine bauschige Bluse trägt, auffallend männlich wirken in einem Saal voller hauchzarter Saris. Angebracht wäre da ein luftiges Seidenkleid in einer hellen Farbe, nicht etwa dunkelblau oder in Bankiersgrau.

Mit nur wenigen Ausnahmen (Länder, in denen das Klima einfach zu schwül dafür ist) gilt, daß Sie überall zu geschäftlichen Gesprächen, beim Essen in einem Restaurant und auch, wenn Sie Leute zu Hause besuchen, korrekt gekleidet sein sollten, also: Straßenanzug und Schlips für den Herrn, Kleid oder Kostüm für die Dame. Im Schrank bleiben müssen (bis Sie in den Busch, die Wüste oder zum Strand aufbrechen): Jeans, selbst die der Haute Couture; Turnschuhe, Tennishemden, T-Shirts und Shorts; eng anliegende Pullover (Damen); bis zum Nabel offene Hemden (Herren) und – das gilt für beide, Damen und Herren – ausgefallene Hüte.

Wo lässige Kleidung den Benimmregeln entspricht, ist es am sichersten, sich nach den Einheimischen zu richten. Auf den Philippinen tragen Männer den Barong, ein lockeres, weißes oder cremefarbenes Rüschenhemd über der Hose, kein Jackett und keine Krawatte. In den tropischen südamerikanischen Ländern heißt das Pendant zum Barong »Guayabera«; er wird, ausgenommen bei offiziellen Anlässen, auch als Geschäftskleidung akzeptiert. In Indonesien trägt man Batikhemden, auffällig gemustert, ohne Krawatte und ohne Jackett. In Thailand gilt dasselbe für das kragenlose thailändische Seidenhemd. In Japan ist die Kleidung mindestens so formell wie in Europa (dunkler Anzug und Krawatte für den Herrn, Kostüm oder Kleid für die Dame), ausgenommen in den Landgasthäusern (Ryokans). Dort wird erwartet, daß die Gäste einen Kimono tragen, auf jeden Fall zum Abendessen, ganz egal, ob es förmlich ist oder eher privat. (Keine Sorge, das Gasthaus kann Kimonos auch ausleihen.)

Kleidung aus Kunstfasern – das gilt weltweit – ist die »Uniform« der Touristen. Je weniger »bügelfrei« Sie also aussehen, desto glaubwürdiger wirken Sie, das ist wichtig, insbesondere bei geschäftlichen Zusammenkünften. Die Reinigungsrechnungen während der Reise sind allerdings höher.

Und mit Schuhen seien Sie in Asien bitte vorsichtig. Selbst wenn sie aus feinstem, aus dem teuersten Leder sind – mit Schuhen können Sie beleidigen. Mit Schuhen eine Moschee oder einen buddhistischen Tempel zu betreten, das kommt einer Entweihung gleich. Tragen Sie auch niemals in japanischen Häusern oder Restaurants Schuhe, es sei denn, der Eigentümer besteht darauf. In indischen und indonesischen Häusern richten Sie sich am besten nach dem Gastgeber; wenn er keine Schuhe trägt, machen Sie es genauso. Und wann immer Sie Ihre Schuhe ausziehen, denken Sie daran, sie ordentlich zusammenzustellen, mit der Spitze zu der Tür weisend, durch die Sie gekommen sind; dies ist ganz besonders wichtig in Japan.

Und dies noch: In einigen konservativen arabischen Ländern machen sich gelegentlich Passanten selber zum Schiedsrichter über die Kleidung von Fremden. Mullahs zum Beispiel können auf offener Straße einer Frau einen scharfen Schlag mit ihrem Spazierstock ver-

In arabischen Ländern ist allzu offenherzige Kleidung nicht zu empfehlen.

setzen, wenn sie ihrer Meinung nach zu offenherzig gekleidet ist, Shorts trägt oder Röcke, die über den Knien enden, ärmellose Blusen oder tiefe Ausschnitte.

ZUM BEISPIEL (5):
RELIGION UND GESCHLECHTER

Das Thema Politik ist, wenn man sich in fremden Ländern darauf einläßt, ein Spiel mit dem Feuer, die Themen Religion und Rolle der Geschlechter aber sind ein Spiel mit Sprengstoff. Und wenn sich Politik als Gesprächsthema noch relativ leicht umgehen läßt, sind die beiden anderen heiklen Bereiche praktisch nicht zu vermeiden – sie sind ein wichtiger Bestandteil der Kultur eines Volkes und sie beeinflussen, ja sie bestimmen in vielen Ländern das tägliche Leben.

Für Reisende aus dem Westen, die normalerweise christlich orientiert sind, kann eine respektvolle Unterhaltung über andere große Weltreligionen sehr aufschlußreich sein; und man wird solches Interesse wohlwollend registrieren.

Die Rolle der Geschlechter hat sich in den letzten zehn Jahren bei uns grundlegend verändert, das gilt sowohl für den privaten als auch für den geschäftlichen Bereich. In den meisten Ländern außerhalb der westlichen Welt vollzieht sich dieser Prozeß weniger schnell. Das ist kein Grund, stolz auf unseren »Fortschritt« zu sein und überheblich die »Rückständigkeit« der anderen zu kommentieren.

WER SICH SELBST ERHÖHT ...

Als eine große internationale Werbeagentur ein Büro in Bangkok eröffnete, wurde der Manager gewarnt, er werde keinen Erfolg haben. Er nahm's nicht ernst, denn alle anderen Niederlassungen der Agentur im Fernen Osten waren sehr erfolgreich geworden. Warum also Bangkok nicht? »Weil Sie sich über Buddha erhöht haben«, erklärten ihm Einheimische. Eine Buddhastatue befand sich auf der gegenüberliegenden Straßenseite und tiefer gelegen als das neue Büro. Ein Jahr später waren die Geschäfte so schlecht wie am ersten Tag. Da verlegte der Manager das Büro in eine Gegend ohne Buddhastatuen – seitdem gehen seine Geschäfte großartig.

Thailand hat noch mehr Empfindlichkeiten, und sie liegen überall, wo Fremde sie nicht vermuten. Unter Türschwellen zum Beispiel. Thais glauben, daß dort freundliche Geister wohnen. Jedes Haus braucht freundliche Geister – man tritt also nicht auf Türschwellen. Und man schließt nachts die Fenster – ein geöffnetes Fenster lockt böse Geister ins Haus. Und: Der Kopf ist tabu. Wir streicheln gern Kindern übers Haar, das ist eine freundliche Geste – in Thailand aber eine grobe Beleidigung, auch schon bei kleinen Kindern. Im Kopf wohnt die Seele. Der Kopf ist unantastbar.

In islamischen Ländern wird jede Tätigkeit fünfmal am Tage für Gebete unterbrochen. Man erwartet von Besuchern zwar nicht, daß sie dann ebenfalls niederknien und sich gen Mekka wenden – aber Verständnis für dieses Ritual und unaufdringliche Zurückhaltung. Oft hängen Erfolg oder Mißerfolg einer (Geschäfts-)Reise ins Ausland nur davon ab, ob bei der Terminplanung die religiösen Feste der anderen Kultur berücksichtigt worden sind: der Fastenmonat Ramadan in islamischen Ländern, das chinesische Neujahrsfest in Asien oder Karneval in südamerikanischen Ländern. Natürlich kommt während dieser Zeit das Geschäftsleben dort nicht völlig zum Erliegen, doch die Stimmung im Lande ist nicht gerade günstig für eventuell sogar langwierige Verhandlungen. Es würde auch bei uns keiner begeistert reagieren, wenn von ihm an Festtagen verlangt würde, über Verträge zu verhandeln. Reisebüros und die Konsulate der Länder sind die richtigen Adressen, bei denen man sich über solche für Geschäftsreisen ungeeignete Termine informieren kann.

UNGLEICHES MASS

Ob in der Politik oder im Sitzungssaal, man begegnet mehr und mehr Frauen in leitenden Positionen. Das gilt allerdings vorwiegend für die Gesellschaft in den westlichen Industriestaaten. Andere Länder haben andere Sitten, und in vielen gilt noch immer das alte »vive la différence« – der Unterschied zwischen der Rolle der Frau und der des Mannes. In Westeuropa haben in letzter Zeit Frauen Stellungen erobert, die bislang Männern vorbehalten waren, sie sind dabei, sich mehr und mehr durchzusetzen. Dennoch werden gehobene und leitende Positionen immer noch von einer Mehrheit von Männern gehalten, nach wie vor also von einer soliden Phalanx von Krawattenträgern. Aber es entsteht wenigstens kein verblüfftes oder gar erschrockenes Schweigen mehr, wenn ein weiblicher VIP an einem Konferenztisch Platz nimmt. Und Frauen werden auch nicht mit Schwierigkeiten rechnen müssen, wenn sie allein ein Restaurant aufsuchen oder auf einen Drink in ein Pub oder in ein Bistro gehen. Das letztere gilt nicht unbedingt in Spanien, Portugal, Süditalien und in Griechenland.

Je weiter Sie aber reisen, desto rauher weht der Wind. Eine Bankmanagerin aus München berichtet, daß ihr noch vor wenigen Jahren das Visum für einige Länder des Nahen Ostens verweigert wurde – nur aufgrund der Tatsache, daß sie a eine Frau war und b alleine reiste.

Ein Geschäftsmann, der zur Hochzeit der Tochter eines engen arabischen Freundes eingeladen war, mußte feststellen, daß getrennt zwar gleich sein kann, trotzdem aber getrennt bleibt. Die gleiche Hochzeitsfeier fand in zwei verschiedenen Hotels statt; in jedem wurde genau das gleiche Festessen serviert und die gleiche Unterhaltung geboten; der wesentliche Unterschied bestand darin, daß im einen Hotel die Feier für die Braut und ihre weiblichen Gäste arrangiert war, während im anderen Haus der Bräutigam mit seinen männlichen Gästen feierte. Beide Gesellschaften verbrachten jedoch keinen Augenblick gemeinsam.

Wenn ein Araber Sie in sein Haus einlädt, werden Sie seine Frau (oder seine Frauen) wahrscheinlich nicht zu Gesicht bekommen (obwohl sie vermutlich in der Küche ist, um die Zubereitung des Essens zu überwachen). Es wäre unhöflich, sich nach ihr zu erkundigen; und wenn Sie ihr tatsächlich – und zufällig – begegnen, seien Sie freundlich, aber unbeeindruckt. Reichen Sie ihr nur die Hand, wenn die Initiative von ihr ausgeht (und damit ist nicht zu rechnen). Wenn derselbe arabische Geschäftsmann Ihr Land bereist und von seiner Frau begleitet wird, sollte sie hier dieselben Aufmerksamkeiten erhalten wie eine westliche Frau.

Ob Sie nun als Mann oder als Frau unterwegs sind, es ist (fast) immer angebracht, gesprächsweise (nicht zu ausführlich!) Ihr Familienleben zu erwähnen, das stärkt – zum Beispiel in Asien – ihre Glaubwürdigkeit ... auch als Geschäftspartner(in). In östlichen Kulturen haben Familienbindungen einen hohen Stellenwert, weit höher als in Westeuropa. Und allen, die aus einem weniger familienorientierten Teil der Welt kommen, schadet es bestimmt nicht, sich bei solchen Gelegenheiten auf Heim und Familie zu besinnen.

TUT MIR LEID, MEINE DAMEN – EINE MÄNNERWELT

Das Geisha-Haus ist in Japan ein bevorzugter Ort für geschäftliche Verhandlungen. Sie treffen dort gebildete, kultivierte Frauen – aber weibliche Gäste sind nicht willkommen. (Nicht etwa, weil Geisha-Häuser Bordelle wären, sie sind es nicht! Aber die Geishas betrachten diese Häuser als ihr Territorium.) Als ein US-Finanzmanager dennoch darauf bestand, seine Frau mitzunehmen, erteilte ihr eine englischsprechende Geisha an ihrem Tisch eine Art Lektion: Die Amerikanerin, sagte die Geisha höflich, sei eine »gute Frau und geschickt im Umgang mit Kindern«, und deshalb sei ihr Platz auch zu Hause bei ihren Kindern. Von denen sollte sie sich nicht zu weit entfernen, in einer fremden Stadt zum Beispiel Sake trinken und Samisen-Musik hören ...

Es gibt noch mehr Orte und Gelegenheiten in Japan, an denen Männer traditionell unter sich sind – und bleiben wollen. Beim Sumo-Ringkampf zum Beispiel. Und etliche – ganz bestimmte – Berge gelten als so heilig, daß sie von Frauen nicht bestiegen werden dürfen. Es ist Frauen auch untersagt, buddhistische Priester zu berühren, sie dürfen ihnen nicht einmal etwas reichen, es sei denn durch einen (männlichen) Vermittler.

Zur Stellung der Frau in China sagt die Dozentin und Schriftstellerin Anna Chennault: »Chinesische Frauen haben sich nie um ihre Gleichberechtigung gekümmert oder sich darum bemüht. So wurden sie notgedrungen gleichberechtigt.« Man darf an dieser Aussage zweifeln ... In den höheren Rängen des Beamtentums der Volksrepublik China sind auffallend wenig Frauen zu finden, obgleich sie 60 Prozent der Erwerbstätigen ausmachen. Auf den Philippinen dagegen scheinen die Frauen in vielen Bereichen das Sagen zu haben; philippinische Familien schicken ihre Töchter auf amerikanische Universitäten, wohl kaum, um sie auf den Beruf der Nur-Hausfrau vorzubereiten.

In Afrika stellen Frauen in vielen Ländern eine nicht zu unterschätzende Macht dar, und zwar gleichermaßen zu Hause im privaten wie auch im Geschäftsleben. Dennoch sollten Besucher stets daran denken, daß dadurch die alten (ungeschriebenen) Gesetze nicht außer Kraft gesetzt sind, beispielsweise das in der Religion begründete Verbot der Vermischung der Geschlechter im sozialen Bereich in islamischen Ländern. Eine Engländerin, die als Repräsentantin ihrer Firma eine Reihe afrikanischer Länder besuchte, war überrascht, als sie, nachdem sie den ganzen Tag mit Männern verhandelt hatte, am Abend an den Tisch mit den Ehefrauen ihrer Verhandlungspartner gesetzt wurde. Die Frau eines europäischen Geschäftsführers hat dieses Verfahren jedoch als Vorteil empfunden: Sie erfahre auf diesem Wege mehr über das Land, die Menschen und ihr Leben – und auch über die Firmen. Die Frauen sprechen miteinander nicht als Geschäftspartner, sondern als Privatpersonen. Ihr Sinn für Details, ihre Distanz zu Geschäften und Geschäftspolitik und ihre Offenheit brächten völlig neue Perspektiven in das Gespräch. Und wenn ein Manager ein Problem selber vielleicht nicht eingestehen oder eine neue Idee nicht vortragen möchte, dann komme es durchaus vor, daß seine Frau dies für ihn übernehme – der Frau seines Geschäftspartners gegenüber: Frauen in der Vermittlerrolle.

Auch in Südamerika werden die Frauen allmählich in Geschäfts- und Regierungshierarchien akzeptiert. Aber auch dort zahlt es sich für eine Frau nicht aus, ihre Trümpfe allzu offen auszuspielen. Bei Empfängen, geschäftlichen Zusammenkünften, in persönlichen Unterhaltungen und besonders dann, wenn eine Frau den anwesenden Männern überlegen ist, kommt es dem leicht verletzlichen Stolz dieser Männer entgegen – und dem Geschäft zugute, wenn die Frau die Zahl der »Ich meine« und »Ich weiß« reduziert und statt dessen sagt »In unserer Firma sind wir der Ansicht ...« oder »Wir gehen das Problem so an ...«

NACH GESCHÄFTSSCHLUSS (FOR LADIES ONLY)

Setzen Sie niemals Ihre Glaubwürdigkeit und Ihren Ruf als seriöse Geschäftsfrau aufs Spiel durch Ihr Verhalten nach Geschäfts(ab)-schluß. In europäischen Ländern und in den USA ist das fast nie ein Problem. Aber anderswo kann es leicht dazu kommen, daß über Sie die Nase gerümpft wird. Es ist dabei gar nicht so wichtig, was Sie tatsächlich tun. Es zählt vielmehr der Anschein dessen, was Sie vielleicht tun könnten. Und das schadet Ihnen.

■ Vermeiden Sie es, allein ein Restaurant aufzusuchen, in dem üblicherweise Einheimische, Touristen oder auch Geschäftsreisende Frauen ansprechen. In den meisten Hotels und in den Restaurants im europäischen Stil sind Sie davor sicher. Zimmerservice ist natürlich auch eine Alternative. Sicher sind Sie auch, wenn Sie mit anderen Frauen zusammen auftreten. Laden Sie doch ein paar Frauen aus der Firma, mit der Sie geschäftlich zu tun haben, ein, Sie zu begleiten (die Einladung geht dann natürlich auf Ihre Rechnung).

■ Geben Sie nie männlichen Kollegen auch nur das geringste Geschenk, sofern es nicht ganz offensichtlich von Ihrer Firma kommt. Mögliche Ausnahme: ein Geschenk, das für sein Haus und/oder seine Kinder bestimmt ist.

■ Wenn Sie nicht verheiratet oder geschieden sind, stellen Sie sich auf jeden Fall mit »Frau« oder der entsprechenden Anrede in der Sprache vor, die Sie bei Ihren Verhandlungen benutzen – auch wenn Sie's daheim vielleicht ganz anders halten.

■ Denken Sie daran, dann und wann Ihre Familie zu erwähnen (manchmal ist es sogar gut, eine nicht vorhandene zu erfinden), und fragen Sie auch ihre männlichen Geschäftspartner nach ihren Familien. Wenn das Thema »Essen« angeschnitten wird, sprechen auch Sie ruhig mal eine Einladung aus.

■ Wenn Sie der Familie vorgestellt werden, hören damit automatisch Geschäftsgespräche auf. Widmen Sie sich dann den Angehörigen.

■ In Südamerika sind direkte Annäherungsversuche auch von Männern, die Sie gar nicht kennen, durchaus üblich. Schon die Erwiderung eines Blickes auf der Straße kann Sie in Schwierigkeiten bringen. Bei Geschäftspartnern ist ein freundliches, aber bestimmtes »Nein« oft diplomatischer als Verlegenheit oder Zweideutigkeit.

■ Das Allerwichtigste: Treffen Sie niemals private Verabredungen mit einem Verhandlungspartner. Falls er unwiderstehlich ist, warten Sie, bis er Ihr Land besucht.

GUTE MANIEREN –
WELTWEIT

Im Grunde hat in der kultivierten Welt nur eine Verallgemeinerung Allgemeingültigkeit: Verallgemeinern Sie nicht! »Alle Amerikaner sind laut und haben keine Manieren.« »Die Engländer sind kalt und abweisend.« »Die Franzosen sind romantisch, aber unhöflich.« »Alle Deutschen sind pedantisch.« Undsoweiter, undsoweiter ... Es ist nicht schwer, jede einzelne dieser verallgemeinernden Behauptungen – die zugleich Vorurteile sind – zu widerlegen. Natürlich läßt sich ein internationaler Verhaltenskodex auflisten, dessen Befolgung Ausrutschern auf dem gesellschaftlichen Parkett weitgehend vorbeugt, es gibt zu jeder Regel allerdings wieder mindestens eine Ausnahme. Die Kenntnis gewisser Grundverhaltensregeln verleiht Ihnen aber auf jeden Fall mehr Sicherheit und Souveränität im Auftreten.

Im Vergleich mit Europa hat man sich in Nordamerika in den letzten zwei, drei Generationen eine große Lässigkeit angewöhnt; Europäer sind förmlicher als Amerikaner, Asiaten (viel) höflicher als Europäer und Afrikaner ... (Da sind wir schon mitten im Verallgemeinern.) Ein Versuch, allgemeine Verhaltensregeln aufzustellen, zeigt die großen Unterschiede von Kontinent zu Kontinent, von einem Land zum andern.

EUROPÄER UNTER SICH

In DÄNEMARK und SCHWEDEN besinnt man sich bei Trinksprüchen manchmal noch auf alte und sehr strenge Regeln. Trinken Sie vorsichtshalber niemals auf das Wohl Ihres Gastgebers oder auf das einer Person, die älter ist oder einen höheren Rang hat als Sie – bis diese Ihnen zugeprostet haben. Auch sollten Sie Ihr Getränk nicht anrühren, solange der Gastgeber nicht »skol« gesagt hat. Wenn Sie bei einem Essen links neben der Gastgeberin sitzen, sollten Sie während des Essens auf ihr Wohl trinken, und wenn Sie auf ihrer rechten Seite sitzen, erwartet man, daß Sie eine kurze Dankesrede halten.

In FRANKREICH ist man entsetzt darüber (verbirgt es aber geschickt), wie Nicht-Franzosen Französisch sprechen. Wenn Sie unsicher sind und wenn man Sie nicht drängt, vorzuführen, was Sie gelernt haben, ist es klüger, sich zurückzuhalten. Das wird schwer genug fallen, denn Franzosen diskutieren gerne. Machen Sie sich auf heftige Debatten, auch auf Kritik und auf Gespräche über heikle Themen gefaßt. Die Franzosen sind stolz auf ihr Bildungssystem, das viel strenger ist als das deutsche, und Franzosen sind Patrioten und beweisen das in hitzigen Gesprächen. Sie kommen zwar sofort auf geschäftliche Angelegenheiten zu sprechen, aber es dauert lang bis zu einer Entscheidung. Sie verlieren sich auch gerne in Nebensächlichkeiten. Die Entscheidung aber wird dann eindeutig sein.

Die gute Küche kommt in ihrer Bedeutung einem Nationalheiligtum gleich, von Besuchern wird angemessener Respekt erwartet. Franzosen haben den Aperitif kultiviert; harte Drinks wie Dry Martini und Whisky sind keine Aperitifs, sondern barbarisch – aus französischer Sicht.

In GROSSBRITANNIEN kommt es nicht so sehr darauf an, was Sie machen, sondern wie Sie es machen. Die britische Public School (Privatgymnasium) bildet ihre Schüler zu Spezialisten in gutem Benehmen und Selbstdisziplin aus. Im Geschäftsleben zeigt man Gefühle nur selten, guten Manieren wird größte Bedeutung beigemessen. Das Geschäftliche wird streng auf seinen Schauplatz, das Büro, beschränkt. Mittag- und Abendessen und die Wochenenden sind ganz der Entspannung gewidmet. Denken Sie daran, Einladungen weit im voraus zu planen. Für die Briten sind Termine so heilig wie der Five o'clock tea, und Verabredungen werden Tage – noch besser: Wochen – im voraus getroffen. Wenn auf einer Einladung »schwarze Krawatte« oder »Smoking« steht, dann ist das ernst gemeint, ein Muß. Die Damen erscheinen dann in langen Kleidern. (Der Verleih formeller Kleidung ist zum Glück in London bestens organisiert. Moss Bros. ist die bekannteste Adresse.)

Bei formellen Abendessen spricht der Gastgeber manchmal ein Tischgebet. Das ist ein Signal dafür, daß nach dem Hauptgericht wahrscheinlich der »Loyal Toast« gesprochen wird, ein Trinkspruch auf die Gesundheit Ihrer Majestät, der Königin. Erst danach dürfen Sie rauchen – niemals vorher! Im großen und ganzen findet ein Abendessen, zu dem für 19.30 Uhr eingeladen wird, auch um 19.30 Uhr statt. Sie können sich zehn Minuten verspäten, aber kommen Sie auf keinen Fall zu früh. Es ist nicht üblich, Geschenke mitzubringen, es sei denn aus besonderem Anlaß: ein Geburtstag, Jubiläum o. ä., üblich sind dann Blumen. Teure Geschenke werden als peinlich empfunden.

So konservativ wie die britische Kleidung ist auch die Konversation. Im Gegensatz zu den Franzosen schätzen die Briten Themen, die weniger provozierend sind als zum Beispiel Politik und Religion. Das unverfänglichste Thema sind Tiere. Tiere zum Streicheln und Tiere zum – Jagen. Tiere sind königlich. (Darum ist die Liga gegen Tierquälerei eine Royal Society, die Liga gegen Kindesmißhandlungen eine National Society.)

Die meisten Ehrentitel wie zum Beispiel »Sir« und »Dame« werden auch unter Freunden gebraucht. Bevor Sie also jemanden mit seinem Namen ansprechen, ist es besser, abzuwarten, wie die anderen ihn anreden.

Falls Sie amerikanisches Englisch sprechen, denken Sie daran, daß viele Wörter eine andere Bedeutung haben: lift (in USA: elevator) = Aufzug; chemist (in USA: druggist) = Apotheker; peinlich wird es mit »intercourse«, im amerikanischen Englisch ist das Beischlaf, Engländer meinen damit eine freundliche Unterhaltung; »I had intercourse with the taxidriver all the way to Picadilly.«

Eine Ausnahme von der Regel, alle Leute mit deren Familiennamen anzureden, müssen Sie auf ISLAND machen, zwangsläufig. Isländer haben keine Familiennamen. Einar Jonsson ist der Sohn von Jon und steht im Telefonbuch unter »E«, sein Sohn heißt Baldur Einarsson, seine Tochter Sigrid Einarsdottir, und sie behält diesen Namen (Tochter des Einar) auch nach ihrer Verheiratung bei. Aber wie das mit Ausnahmen so ist: es gibt doch Familiennamen auf Island, einige wenige, latinisierte meistens, Thorlacius zum Beispiel. Und pünktlich bei Verabredungen ... pünktlich ist man auf Island einfach nicht.

In ITALIEN ist Händeschütteln fast ein Nationalsport, aber bei der (ersten) Vorstellung dann achtet kaum jemand auf Namen; es ist selten, daß sich Italiener bei der nächsten Begegnung noch an Namen erinnern. Universitätsabsolventen tragen einen Titel und erwarten, damit angeredet zu werden: »dottore« für Geisteswissenschaftler, »avvocato« für Juristen, »ingegnere« für Ingenieure und Techniker und »professore« für Hochschullehrer und Ärzte.

In den NIEDERLANDEN wird der Trinkspruch direkt vor oder gleich nach dem ersten Schluck gesprochen. Pünktlichkeit ist Pflicht im Lande, wohingegen Pünktlichkeit in SPANIEN nur im Zusammenhang mit dem Beginn eines Stierkampfes ernst genommen wird. In der SCHWEIZ wiederum ist Pünktlichkeit ein eherner Grundsatz (und entschuldigen Sie sich, wenn Sie schon mal zu spät kommen, nicht mit der Ausrede, Ihre Uhr sei nachgegangen – es könnte eine Schweizeruhr sein).

In der SOWJETUNION, obwohl zum größten Teil in Asien gelegen, aber mit zwei Dritteln der Bevölkerung im europäischen Teil, ist asiatische Zurückhaltung unbekannt. Großzügigkeit und Spontaneität sind »typisch russisch«. Jemanden als Geizkragen zu bezeichnen, ist eine der schlimmsten Beschimpfungen. Westliche »Errungenschaften«, ob nun Blue Jeans oder Rock'n' Roll, sind in der Sowjetunion bestens bekannt und heiß begehrt. »Kapitalistische« Literatur einzuführen ist verboten. Und Kunstgegenstände ohne Genehmigung auszuführen (die es praktisch nie gibt), ist ebenso strafbar wie Devisen anderswo als an den von der Regierung vorgesehenen Stellen – also schwarz – umzutauschen. Ein Gesetz darf mittlerweile ungestraft übertreten werden: das offizielle Trinkgeldverbot.

... IN ASIEN

Im Fernen Osten sind Nachbarländer oft so verschieden voneinander wie ... wie friesisches Watt und bayerische Berge. Kein anderer Kontinent weist eine größere Vielfalt an Sprachen, Rassen und Religionen auf, und diese prägen den Charakter einer Nation tiefer als alle politischen Grenzen. Einen Wesenszug haben indes alle Asiaten gemeinsam: die Höflichkeit. Zurückhaltung im Umgang miteinander und Harmonie in der Gruppe haben Vorrang vor persönlichen Gefühlen oder Ambitionen.

Die Volksrepublik CHINA ist eine der ältesten Zivilisationen unserer Welt, eine Zivilisation, deren soziale und kulturelle Errungenschaften über Jahrhunderte hinweg auf der Erde als die am weitesten entwickelten galten. Obwohl Besucher selber nur wenig daran ändern können, daß sie mit ihrem eigenen politischen und kulturellen »Gepäck« ankommen und nicht »aus ihrer Haut« schlüpfen können, ist es ein Gebot der Höflichkeit, sich darauf zu besinnen, daß Chinesen ein sehr ausgeprägtes Selbstwertgefühl haben, was ihr eigenes Wertesystem und ihren eigenen Stil angeht. Lange Zeit war China »der Riese mit dem kleinen Appetit«, mittlerweile verfolgt es aber mehr und mehr die gleichen ökonomischen Ziele wie der Rest der Welt – seine Methoden orientieren sich allerdings immer noch vorwiegend an der überlieferten Tradition. Das uralte Bestreben, in jeder Lage das Gesicht zu wahren, ist nach wie vor stark ausgeprägt. Man erkennt das an der Sorgfalt, mit der Chinesen darauf achten, wer zuerst durch die Tür geht oder wer sich zuerst setzt (lassen Sie den anderen am besten immer den Vortritt). Man erkennt das auch an der Bedeutung, die sie gesellschaftlichen Stellungen und Titeln beimessen. (Vergessen Sie also niemals Titel wie beispielsweise »Komiteemitglied Wang«, »Betriebsleiter Hsieh« oder »Bürovorsteher Chang«. Sprechen Sie niemanden einfach mit »Genosse« an, es sei denn, Sie wären selbst einer. Am deutlichsten wird die chinesische Mentalität in der übervorsichtigen Abwicklung von Geschäftsangelegenheiten. Ein China-Reisender beschreibt das so: »Eine Transaktion, die in New York eine Woche dauert, zwei in Paris und drei in Rio kann in Peking Monate dauern. Und dann ist es immer noch möglich, daß die Chinesen ein Jahr später, obwohl sie schon ›ja‹ oder ›nein‹ gesagt hatten, doch wieder ihre Meinung ändern.«

Chinesen sind exzellente Gastgeber, Meister zwölfgängiger Bankette und häufiger Trinksprüche bei Essen. Kein Getränk – außer Bier – sollte angerührt werden, bevor ein Trinkspruch ausgesprochen wurde. Er wird manchmal vorgetragen als eine lange, sorgfältige ausgearbeitete Rede und manchmal nur, indem man das Glas hebt und

Augenkontakt herstellt. Ein symbolischer Schluck genügt als Antwort. Chinesen halten einander häufig in der Öffentlichkeit bei den Händen oder berühren sich – Männer. Zwischen Mann und Frau dagegen ist es nicht üblich, Zuneigung öffentlich zu demonstrieren. Sehr großer Respekt wird alten Leuten entgegengebracht. Und Pünktlichkeit ist wichtig.

In JAPAN scheut sich jeder, in der Öffentlichkeit kategorisch »nein« zu sagen. Das ist für westliche Reisende irritierend und führt nicht selten zu Mißverständnissen. Der ausgeprägte Wunsch der Japaner, höflich und nett zu sein, niemanden zu verletzen, bedeutet aber nicht, daß sie leicht zugänglich sind und schnell Freundschaft schließen. Schon gar nicht mit Westlern. Eine ausschweifende Nacht mit Geschäftspartnern in der Ginza muß nicht unbedingt zur Folge haben, daß am andern Morgen der Vertrag zu Ihren Gunsten unterschrieben wird. »Naniwabushi« (mit jemand in ein so enges, persönliches Verhältnis zu kommen, daß er einen Gefallen schuldet) ist allgemeine japanische Verhandlungsstrategie. Großzügige Geschenke von japanischen Geschäftsfreunden anzunehmen, das kann zu Verpflichtungen führen, die hinterher teuer zu stehen kommen.

In INDIEN begegen sich Ost und West in einer lebendigen Mischung ihrer recht unterschiedlichen Sitten. Ein Gastgeber, der in einwandfreiem Oxford-Englisch »Wie geht es Ihnen?« fragt, wird Sie wahrscheinlich gleichzeitig mit dem traditionellen »Namaste« begrüßen (Handflächen aneinanderlegen und den Kopf senken). Frauen aus moslemischen Familien werden außerhalb des Hauses von den Blikken der Männer ferngehalten, auch sitzen sie nicht mit am Tisch oder nehmen an der Unterhaltung teil, das gilt selbst in ihren eigenen vier Wänden. (Der rote Punkt auf der Stirn oder auf dem Haar bedeutet im allgemeinen, daß die Frau verheiratet ist.) In der Unterhaltung werden Sie schnell feststellen, daß Inder genauso gut über Liebesdrinks, Magie und Wahrsagerei Bescheid wissen wie über die Weltpolitik.

Überall im Fernen Osten, wohin chinesische Kultur jahrhundertelang von Auswanderern exportiert worden ist, können Sie damit rechnen, die gleiche Sorge um die Pflege des eigenen Ansehens anzutreffen. In der peinlichsten Situation noch das eigene Gesicht zu wahren (und den anderen das seine wahren zu lassen), ist auch in Hongkong und Singapur, wo Engländer versucht haben, westlichen Stil einzuführen, die Lebensphilosophie geblieben. Besucher sind oft angenehm überrascht, wie harmonisch Ost und West zusammenleben und traditionelle und auch religiöse Feste beider Gruppen gemeinsam feiern. Aber obwohl Höflichkeit und Respekt voreinander immer zu ihrem Recht kommen, bestimmt ein so unmißverständliches Leistungsprinzip das Geschäftsleben, daß selbst Lord Keynes hellauf begeistert davon wäre. Es ist also keinesfalls so, daß Chinesen sich anderen Einflüssen gegenüber völlig verschließen.

In MALAYSIA beispielsweise wird man Ihnen, wenn Sie mit einem Chinesen essen gehen, Eßstäbchen und einen Löffel reichen, ist Ihr Gastgeber Hindu oder Malaie, dann werden Sie wahrscheinlich nur mit ihren Händen zu Abend essen. Schweinefleisch ist ein wesentlicher Bestandteil der chinesischen Küche, Malaien aber sind Moslems und würden es niemals anrühren. Hindus und Buddhisten wiederum essen kein Rindfleisch. Buddhisten reagieren außerdem sehr empfindlich – das gilt ganz besonders für Thais –, wenn man sie am Kopf berührt. Während der Handschlag in den meisten asiatischen Ländern (ausgenommen in Japan) die geläufigste Grußform ist, ziehen die Thais den »Wai« vor, bei dem beide Hände wie zum Gebet in Brusthöhe aneinandergelegt werden. Je höher Sie dabei die Hände halten, desto mehr Respekt erweisen Sie dem Gegenüber; über Augenhöhe geht jedoch niemand hinaus. Und respektlose Bemerkungen über Buddha und die königliche Familie verbieten sich ganz von alleine. Berührungen zwischen Mann und Frau (auch wenn sie verheiratet sind) verstoßen, wenn sie in aller Öffentlichkeit ausgetauscht werden, gegen die guten Sitten – übrigens auch beim Tanzen. Und seien Sie nicht überrascht, wenn man Sie mit Ihrem Vornamen anspricht, Herr Robert oder Frau Helga: Thais benutzen die Vornamen auch bei sehr formellen Anlässen. Wenn Sie in Thailand einkaufen gehen, denken Sie daran, daß außer in Kaufhäusern und Buchläden die Preisangaben als Einladung zum Handeln gedacht sind. Wer nicht handelt – höflich! – zahlt leicht das Doppelte oder sogar Dreifache des tatsächlichen Preises.

Im NAHEN OSTEN kommt es schon dann und wann vor, daß ein Araber in Ihrer Gegenwart »explodiert«. Erschrecken Sie nicht. Das

Araber neigen zu Temperamentsausbrüchen – auch in sachlichen Gesprächen.

ist keine Entgleisung. Es gilt, ob nun vor Freunden oder Fremden, als Temperamentsausbruch, als ein Ventil. Es ist eine Verteidigungs- oder eine Angriffsgebärde ohne Folgen, vor allem: ohne dem Gegenüber wirklich Schaden zugefügt zu haben. Und so plötzlich wie der finstere Blick kommt auch das Lächeln. Das grundsätzliche Bestreben aller Araber, bei anderen und in der öffentlichen Meinung in einem günstigen Licht zu erscheinen, führt gelegentlich auch zu Mißverständnissen. Der arabische Schriftsteller Sania Hamadi schreibt dazu: »Der Wunsch zu gefallen, den Weg zu ebnen für vorteilhafte und angenehme Beziehungen mit möglichst guten Ergebnissen, kann den Araber dazu verleiten, ohne Rücksicht auf die Wahrheit Schmeichelhaftes zu sagen.« Zusammen mit der Gewohnheit vieler Araber, lieber ihr Wort zu geben als eine Unterschrift unter Vereinbarungen zu setzen, kann das Fremde, Uneingeweihte dazu bringen, ein »Ja« anzunehmen, wo die Antwort tatsächlich »nein« lautete. Händeschütteln ist üblich in der Öffentlichkeit, es kann aber geschehen, daß ein Gastgeber Sie in seinem Haus mit einem Kuß auf beide Wangen begrüßt, Sie sollten das dann erwidern. Bitten Sie nicht um ein alkoholisches Getränk, es sei denn, es wird Ihnen angeboten. Und bringen Sie der Gastgeberin kein Geschenk mit, erkundigen Sie sich auch nicht nach ihr (sie wird mit ziemlicher Sicherheit nicht vor Ihnen erscheinen und auch in der Unterhaltung nicht erwähnt werden).

Es ist wichtig, daß Sie zu gesellschaftlichen und geschäftlichen Anlässen pünktlich erscheinen. Aber rechnen Sie nicht damit, auch pünktlich (wie geplant) wieder wegzukommen. Für einen Araber ist die Welt und sind die Menschen um ihn herum wie eine Großfamilie, deshalb wird er auch ganz selbstverständlich das wichtigste Gespräch unterbrechen, um sich jemandem zu widmen, der seine Zeit und seinen Rat beansprucht. Er unterbricht mehrere Male am Tag seine Geschäfte zum Gebet, das er entweder gleich in seinem Büro oder in der nächstgelegenen Moschee verrichtet. Das verläuft nach strengen Regeln, nach den Gesetzen des islamischen Lebens. Befremden darüber zu äußern oder zu zeigen wäre ein Angriff auf die Religion.

Niemand erwartet von Ihnen, daß Sie arabisch sprechen, aber schon einige wenige Worte bedeuten eine freundliche Geste gegenüber einem Volk, das stolz ist auf seine Herkunft und seine Geschichte. »Sahtein« steht für unser »Guten Appetit« und »sufra daiman« ist zu übertragen mit »Möge dieser Tisch immer mit Essen gesegnet sein«. Sie werden wahrscheinlich ausgiebig Gelegenheit haben, beide Formeln anzuwenden, da die Araber berühmt sind für ihre Gastfreundschaft und ihre gigantischen Empfänge. Verzichten Sie aufs Mittagessen, wenn Sie abends eingeladen sind. Weniger wahrscheinlich ist es, daß Sie Gelegenheit haben werden, »sahha« (Prosit) zu sagen, denn alkoholische Getränke sind Moslems nicht erlaubt und in einigen islamischen Staaten verboten. Schweinefleisch und Schalentiere sind Gläubigen ebenfalls verboten, und jedes Tier, das auf der Straße herumstreunt oder gespaltene Klauen hat, wird von gläubigen Moslems gemieden.

Mit einer Tasse Kaffee oder Pfefferminztee wird üblicherweise jede geschäftliche Verhandlung eingeleitet. Man nimmt oder reicht niemals etwas mit der linken Hand, sie gilt als unrein. Die Geschäftswoche geht von Samstag bis Mittwoch oder Donnerstag, Freitag ist der islamische Ruhe- bzw. Gebetstag. Während der Fastenzeit im Ramadan, dem neunten Monat im islamischen Mondkalender, wird nach der Mittagszeit nicht mehr gearbeitet.

In SAUDI ARABIEN ist der Ablauf einer Begrüßung besonders kompliziert: Erst sagen Sie »salaam alaykum«, dann schütteln Sie mit den Worten »kaif halak« die Hand Ihres Gastebers, der Saudi wird sodann seine linke Hand auf Ihre rechte Schulter legen und Sie auf beide Wangen küssen; danach nimmt er wahrscheinlich Ihre Hand in die seine. Ob die Begrüßung in der Öffentlichkeit oder in seinem Haus stattfindet – Händchenhalten gilt als Zeichen von Freundschaft, beinahe Bruderschaft. (Wenn Sie einen Saudi bei sich zu Hause zu Gast haben, werden Sie festzustellen haben, ob er weiß, daß dieses Händchenhalten im Westen unüblich ist. Sie müßten ihn dann – auch in seinem Interesse – taktvoll darauf aufmerksam machen.)

... IN AFRIKA

Es gibt in Afrika eine solche Vielfalt von Sprachen, Sitten und Kulturen, daß nur wenige Regeln grenzübergreifende Gültigkeit haben können. Sogar innerhalb eines Staates können Benimmregeln und -vorschriften wild variieren. Und noch viel mehr natürlich zwischen west- und ostafrikanischen Staaten oder zwischen Ländern im Maghreb (Algerien, Marokko, Tunesien und Libyen) und in Zentralafrika. In Kenia und Tansania ist, zumindest an der Küste und im unmittelbaren Hinterland, arabischer (islamischer) Einfluß unverkennbar, während die politische und wirtschaftliche Führungsschicht sich viele Verhaltensweisen und Regeln der ehemaligen Kolonialmacht England zu eigen machte. Die »Suche nach der eigenen Identität« der afrikanischen Völker, Thema vieler leidenschaftlicher Gespräche, drückt sich nicht so sehr in den »Do's und Taboos« aus, sondern in der Unsicherheit bei ihrer Anwendung.

... UND IN AMERIKA

Europäer, die von einer Reise in die USA zurückkehren, sprechen oft und begeistert von der Offenheit der Amerikaner, ihrer Hilfsbereitschaft und Freundlichkeit und von ihrem unkomplizierten Verhalten im Umgang miteinander und mit Fremden. Darauf folgt aber unweigerlich Kritik: Es sei allerdings alles sehr »oberflächlich«. Abgesehen davon, daß eine »oberflächliche« Freundlichkeit um ganze Welten besser ist als eine tiefgehende Ruppigkeit, ist es Reisenden meist gar nicht vergönnt, mehr als Oberflächliches wahrzunehmen; Reisen, wie wir es heute praktizieren, ist schon an sich oberflächlich.

Die USA: Das ist kein fremder Kulturkreis. Die Verhaltensweisen dort haben sich aus den Sitten und Bräuchen der (europäischen) Einwanderer entwickelt und weiterentwickelt – auf einigen Gebieten indes anders als in Europa. Der Status der Frau zum Beispiel ... Frauen nehmen in den USA nicht nur auf ganz selbstverständliche Art und Weise eine gleichberechtigte Stellung ein, sie erwarten auch mehr Rücksichtnahme als Europäerinnen. Es ist in Europa ungewöhnlich, von einer Frau zum Essen eingeladen zu werden – in den USA nicht. Das braucht Sie (als Mann) aber nicht davon abzuhalten, Ihrer Gastgeberin den Stuhl zurechtzurücken, ihr in den Mantel zu helfen und die Tür aufzuhalten. Sie erwartet es. Ebenso wie sie erwartet, daß die Initiative beim Händeschütteln ihr überlassen wird. Visitenkarten werden in der Regel nur ausgetauscht, wenn man glaubt, Grund zu haben, später noch einmal miteinander in Kontakt zu treten. Seien Sie also nicht überrascht (und schon gar nicht verärgert), wenn Ihre Karte zwar angenommen wird, Sie aber im Gegenzug keine bekommen.

Amerikaner (das gilt auch für Kanadier) sind empfindlich, wenn es um die Geschichte ihres Landes geht. Es ist eine vergleichsweise junge Geschichte: Die ersten Siedlungen in der Neuen Welt wurden vor vierhundert Jahren gegründet. Wenn Europäer in Gesprächen die amerikanische Geschichte an ihrer eigenen messen (»Damals hatte Tizian gerade die ›Pieta‹ fertiggemalt und wir haben die ersten Aktiengesellschaften gegründet.«), klingt das in amerikanischen Ohren nicht nur überheblich. Es ist einfach unfair ...

In SÜDAMERIKA ist alles viel einfacher: Jeder kann sich benehmen, wie er will, solange er selbst nur »simpatico« ist; und das bedeutet, daß Sie sich der lateinamerikanischen Lebensart anpassen müssen, damit der Südamerikaner sich wiederum in Ihrer Gesellschaft wohlfühlt. Die allgemeinen Umgangsformen wirken auf einen Neuankömmling aus Europa nicht selten zunächst einmal befremdend. Frauen verärgert vor allem das Macho-Denken und Verhalten in all seinen Varianten vom Balzen und ungenierten Flirten bis hin zu der Selbstverständlichkeit, mit der jeder Frau unterstellt wird, sie sei willig und sei zu haben, egal ob verheiratet oder ledig. Männlichen Südamerika-Besuchern bereitet eine andere Seite des Machismo Probleme: Emotionen sind viel dichter an der Oberfläche angesiedelt und schäumen darum leicht über als Wut, Begeisterung oder als hemmungslose Sentimentalität, die europäische und amerikanische Männer nur peinlich berührt. Augenkontakt muß man aushalten können, Gespräche werden Nase an Nase geführt, Schulterschluß ist selbstverständlich. Man berührt sein Gegenüber auch häufig im Gespräch, und Umarmungen und das Händeschütteln mit beiden Händen sind selbst unter flüchtigen Bekannten üblich. Gastfreundschaft und Großzügigkeit ufern nicht selten aus ... Bewundern Sie die goldene Uhr eines Südamerikaners, und es kann sein, daß Sie der neue Eigentümer sind.

»Siesta« und »manana« sind zwei Begriffe, die viele Westler zur Verzweiflung treiben. Das erstere bedeutet, daß praktisch alles, Läden, Banken und Geschäftsbüros, am frühen Nachmittag für zwei bis

*Ein einsames Bier kann man in
Australien nur trinken, wenn
man – eine Frau ist.*

drei Stunden geschlossen ist, das letztere, daß etwas dann getan wird, wenn es getan wird, und daß Leute dann ankommen, wann sie ankommen. Jeder scheint eine unüberwindliche Abneigung dagegen zu haben, irgendwo als erster anzukommen. Wer sich also anpassen und nicht unangenehm auffallen will, kommt mindestens eine Viertelstunde zu spät. In verkehrschaotischen Städten wie zum Beispiel Mexico City bedeuten auch eine oder zwei Stunden Verspätung immer noch einen hohen Grad an Pünktlichkeit.

Bei der ersten Begegnung werden Sie kaum herausfinden, ob sich ein Südamerikaner mehr mit seinem spanischen oder mit seinem Indianererbe identifiziert. Warten Sie, bis er zu diesem Thema seine Ansichten kundgetan hat, bevor Sie sich selber über das eine oder andere auslassen. Es könnte passieren, daß Ihre Anmerkungen als Geringschätzung seiner Abstammung aufgefaßt werden. Eine andere Sitte, über die Sie sich vorher im Detail informieren sollten, ist das Feilschen beim Einkaufen. Es wird nicht in jedem Land (nicht in Chile) und nicht in jedem Geschäft praktiziert. Das macht's schwierig ...

Schliesslich: in Australien

Es gibt nichts, was Australier lieber tun, als Fremde im Pub anzusprechen. Die meisten Besucher berichten, daß es einfach unmöglich sei, irgendwo ein einsames Bier zu trinken – es sei denn, man ist weiblichen Geschlechts. Das Erstaunliche nämlich an diesem freundlichen und im Grunde klassenlosen Kontinent ist die Tatsache, daß die Gleichberechtigung das »schwache Geschlecht« nicht mit einbezieht; die australische Kameradschaftlichkeit schließt Frauen rigoros aus. Britische Zurückhaltung ist in Australien unbekannt. Ein Handschlag oder ein Bier genügen, und man redet sich mit Vornamen an. Alle sind aufgeschlossen und locker. Nichts geht allerdings über Pünktlichkeit: Australier können darin leicht mit Deutschen konkurrieren.

KAPITEL 2

RISKANTE SIGNALE: HANDZEICHEN UND KÖRPERSPRACHE

HÄNDCHENHALTEN HIER UND DORT
ODER
GESTEN SIND LAUTER ALS WORTE

»Ich spürte, daß ich gerade eine unglaubliche Dummheit begangen hatte. Aber ich hatte keine Ahnung, was es war.« Ein junger Computerverkäufer erinnert sich an seine erste Verkaufsaktion im Ausland. Schauplatz war die Niederlassung seiner Firma in Rio de Janeiro, und zunächst war auch alles genauso gut gelaufen wie ein Heimspiel. Als er in die Runde blickte, wußte er sofort, daß er den Handel erfolgreich abgeschlossen hatte. Glücklich und zufrieden (und ein bißchen triumphierend) signalisierte er seinen südamerikanischen Kunden das amerikanische »Okay« – Daumen und Zeigefinger formen einen Kreis, die anderen Finger zeigen ausgestreckt nach oben. Die sonnige brasilianische Atmosphäre kühlte schlagartig auf Gefrierschranktemperatur ab; eisige Blicke der Südamerikaner, verlegenes Lachen auf seiten der Kollegen. Die baten schließlich um eine Pause, nahmen den Unglücklichen beiseite und klärten ihn auf: Er hatte gerade die Anwesenden mit einer Geste bedacht, die in Südamerika einen noch tieferen Eindruck hinterläßt als bei uns das »Vogel-Zeigen«. Eine förmliche Entschuldigung rettete den Vertrag. Aber noch immer läuft der Unglücksrabe von damals so rot an wie ein brasilianischer Sonnenuntergang, wenn er die Geschichte erzählt.

Es ist ganz natürlich, daß man, wenn man in der – fremden – Landessprache ins Schwimmen geraten ist, automatisch zu Gesten Zuflucht nimmt, um den Hänger zu überbrücken. Und auch wenn Sie sich mühelos verständlich machen können, mögen Sie denken, daß es vielleicht freundlicher und charmanter sei, menschlicher einfach, wenn Sie das mit einer Handbewegung, mit einem Augenzwinkern oder einer anderen (positiv gemeinten) Geste ausdrückten. Gewiß. Aber dann sollten Sie auch genau wissen, was das Handzeichen in diesem Land – hier! – bedeutet. Gesten sprechen tatsächlich oft eine lebhaftere Sprache als Worte. Am Beispiel des Computerverkäufers ist aber deutlich geworden, daß diese unschuldigen Zeichen alles andere als eine Weltsprache sind. Seit dem Zweiten Weltkrieg ist ein V aus Zeige- und Mittelfinger international das Zeichen für »Sieg« (= Victory). Aber selbst Winston Churchill, der das Zeichen berühmt gemacht hat, wandte es mit äußerster Vorsicht an. In Großbritannien zum Beispiel ist das V-Zeichen – wenn dabei der Handrücken nach außen, also zum Betrachter zeigt – eine unmißverständliche Aufforderung: »Hau ab!«.

*Vorsicht bei der Zeichenspra-
che – was in (Nord-)Amerika
positiv empfunden wird, kann
in (Süd-)Amerika das Gegenteil bewirken.*

WIE MÄNNER REAGIEREN,
WENN SIE EINE SCHÖNE FRAU SEHEN

Der Amerikaner zieht die Augenbrauen hoch.
Der Italiener bohrt seinen Zeigefinger in die rechte Wange.
Der Grieche streicht seine Wange.
Der Brasilianer hält ein imaginäres Fernrohr ans Auge.
Der Franzose küßt seine Fingerspitzen.
Der Araber greift sich an den Bart.

SIGNALE SENDEN – UND EMPFANGEN

Während seines ersten Aufenthalts im Nahen Osten trat ein deutscher Public Relations-Manager aus der angenehmen Kühle des hypermodernen Konferenzzentrums in den Staub und das grelle Licht der Straße. Es war heiß und laut, und über allem lag die Stimme des Muezzins, der zum Gebet rief. Einer der Konferenzteilnehmer, ein Saudi, trat neben den Deutschen und ergriff wortlos seine Hand. Das Wort »exotisch« bekam plötzlich eine neue Bedeutung und löste Alarm im Kopf des Deutschen aus: »Was denkt sich dieser Araber?« ... »Was werden all die anderen Araber denken?« Schließlich siegte gesunder Menschenverstand über das Vorurteil – die Geste des Saudis war nichts mehr als ein einfaches Signal des Vertrauens, wortloses Arabisch für Freundschaft und Respekt.

Es sind natürlich auch völlig unbewußte Gesten, die einen Fremden, Uneingeweihten verwirren können. Von einer Rundreise durch verschiedene arabische Golfstaaten zurückgekehrt, berichtet eine Geschäftsfrau, wie verunsichert sie dort in Gesprächen mit Männern gewesen sei. »Nicht das, was sie sagten, irritierte mich«, erzählt sie, »sondern das, was sie dabei mit ihren Augen machten.« Statt gelegentlich zu blinzeln (das kennt jeder aus Sitzungen), ließen die Araber ihre Lider langsam sinken, daß man glauben mußte, sie würden jeden Moment einschlafen.

In Japan ist Augenkontakt ein Schlüssel zu Ihren Empfindungen gegenüber einer anderen Person. Je seltener Sie also Japanern in die Augen schauen, desto besser – und höflicher – ist es. Was wir als einen ehrlichen, offenen Blick in die Augen verstehen, empfinden

Asiaten (ganz besonders in Laos, Kambodscha und Vietnam) als Mangel an Respekt, im schlimmstenFall als persönliche Beleidigung. Selbst beim Händeschütteln oder beim Verbeugen und besonders während des Gesprächs überschreitet mehr als nur ein gelegentlicher kurzer Blick in das Gesicht des Gegenübers die Grenzen der Höflichkeit. Die übrige Zeit sollten Sie Ihr Augenmerk besser auf Ihre Fingerspitzen, die Schreibtischplatte und das Webmuster des Teppichs richten.

»Laufen Sie in Tokio nur mit blankgeputzten Schuhen herum«, rät ein Vertreter der Elektronikbranche, der häufig in Japan ist. »Sie müssen damit rechnen, daß die Japaner, die Sie treffen und kennenlernen, ständig auf Ihre Schuhe starren.« Araber dagegen weichen beim Anblick einer Schuhsohle zurück; sie zu zeigen verstößt gegen alle geltenden Regeln. Stellen Sie deshalb Ihre Füße fest auf den Boden und schlagen Sie auch nicht die Beine übereinander.

WINKE, WINKE – OH JE!

Praktisch überall in Europa winkt man »Hallo« oder »Auf Wiedersehen«, indem man die Hand (mit der Handfläche zum Betrachter) in der Luft auf und ab bewegt. Die US-Variante, bei der die ganze Hand mitschwingt, signalisiert dagegen »nein«, und in Griechenland ist es eine glatte Beleidigung. Der ausgestreckte Daumen der Tramper, ein scheinbar harmloses internationales Signal, ist so harmlos gar nicht, in vielen Ländern wird es als unanständige Geste verstanden.

Bei aller Vorsicht: Jeder fällt dann und wann in alte Gewohnheiten zurück und verwendet Gesten und Zeichen, die nur eigenen (nationalen) und keinen fremden Regeln folgen. Solange man ihn dabei als Ausländer erkennt (der nicht weiß, was er tut), darf er in den meisten Fällen mit einer nachsichtigen Reaktion, kaum heftiger als ein Stirnrunzeln, rechnen. Es gibt dafür keine Garantie, manchmal verrechnet man sich …

GREIFEN SIE ZU: ANFASSEN ERLAUBT

Berührungen können gelegentlich heikle Situationen heraufbeschwören. In den meisten südlichen Ländern von Venezuala bis Sizilien ist beispielsweise der »abrazo« (die Umarmung) genauso üblich wie der Handschlag – solange man »unter sich« bleibt: Männer mit Männern, Frauen mit Frauen. Dies gilt auch für die slawischen Länder, wo herzliche Männerbegegnungen manchmal wie Umarmungen unter Bären aussehen. Franzosen steigern es unter besonderen Umständen bis zum Wangenkuß. Japaner indes haben eine Abneigung gegen jeglichen Körperkontakt. Wenn sie Europa oder Amerika besuchen, ringen sie sich zwar dazu durch, wenigstens Hände zu schütteln, zu Hause in Japan aber ziehen sie ihre traditionelle Verbeugung vor. Bei der korrekten Ausführung gleitet man mit den Händen bis zu den Knien oder an den Seiten der Beine entlang, Rücken und Nacken werden dabei steif gehalten, die Augen sind abgewandt.

Viele von uns empfinden Verbeugungen als Ausdruck der Unterwürfigkeit, vielleicht sogar der Erniedrigung. In Japan aber ist die Verbeugung der seit Jahrtausenden unveränderte Ausdruck für »Ich respektiere Ihre Erfahrung und Ihre Weisheit«. Überwinden Sie also – in Japan – ihre Abneigung gegen »Bücklinge« und verbeugen Sie sich. Es wirkt.

Bei einem flüchtigen Kennenlernen genügt eine kurze »Standard«-Verbeugung. Aber bei formellen Anlässen, auch bei einer geschäftlichen Sitzung mit Führungskräften einer Firma, kann sich herausstellen, daß die echte asiatische Verbeugung mit all ihren Nuancen Ihr einziges Kommunikationsmittel mit Ihrem Gegenüber und vielleicht der Schlüssel zum Erfolg ist.

Ein Frankfurter Bankier, Investitionsfachmann und Teilnehmer an vielen deutsch-japanischen Konferenzen, erklärt den Grund: »Für uns aus dem Westen ist es riskant, etwas auf japanisch zu sagen, das komplizierter ist als ›sayonara‹. Und für den japanischen Gesprächspartner gilt: Je älter er ist, desto unwahrscheinlicher ist es, daß er Deutsch oder Englisch spricht oder versteht. Dafür stehen ihm ambitionierte Nachwuchsleute zur Verfügung, die sprechen und verstehen für ihn. Sein Seniorenstatus macht klar, daß auf dieser Sitzung gar nicht verhandelt wird, die Entscheidungen sind längst auf einer unteren Ebene getroffen worden.« Warum nimmt er dann überhaupt an der Sitzung teil? Um zu sehen, mit wem er Geschäfte macht. Deshalb sind bei diesen Gelegenheiten äußere Formen, das Zeremoniell, wichtiger als geschäftliche Inhalte.

Es gibt ein paar Grundregeln für (Geschäfts-)Reisende nach Japan: Wer verbeugt sich wie vor wem?

■ Wenn der andere in einem niedrigeren Rang steht als Sie: Gestatten Sie ihm, sich ein bißchen tiefer und ein bißchen länger zu verbeugen, als Sie es tun.

■ Bei Gleichgestellten: Passen Sie sich mit Ihrer Verbeugung einfach ihm an. Machen Sie noch eine Extra-Verbeugung, wenn Sie deutlich Respekt zeigen wollen, zum Beispiel bei jemandem, der wesentlich älter ist als Sie, oder bei einem Kunden, mit dem Sie unbedingt ins Geschäft kommen wollen.

■ Wenn Ihnen der Status des anderen unklar ist: Lassen Sie Ihre Verbeugung einen Deut weniger tief ausfallen, als es seine ist.

■ Wenn der andere ein Top-Manager ist: Steht er im Rang deutlich über Ihnen, achten Sie darauf, daß Sie tiefere Verbeugungen machen als er, und wenn Ihre Fingerknöchel dabei fast den Boden berühren. Vergessen Sie nicht, Ihre Augen respektvoll niederzuschlagen – was natürlich ein Kunststück ist, wenn Sie zur gleichen Zeit beobachten müssen, wie tief der andere sich vor Ihnen verbeugt.

Und dies noch: Verbeugen Sie sich niemals mit einer oder gar mit beiden Händen in den Hosentaschen.

Die Tiefe der Verbeugung richtet sich in Japan nach dem Rang und Status des Gesprächspartners.

»WÖRTERBUCH« DER GESTEN

WENN DAS GESICHT MITSPRICHT ...

HOCHZIEHEN DER AUGENBRAUEN heißt in Tonga »ja« oder »Ich stimme zu«. In Peru bedeutet es »Geld« oder auch »Bezahlen Sie«.

ZWINKERN gilt – egal wem zugezwinkert wird, Mann oder Frau – in Taiwan als sehr unhöflich.

ZUBLINZELN, wenn der »Empfänger« eine Frau ist, stößt in Australien auf wenig Verständnis; es ist verpönt. Auch wenn dadurch nur Kameradschaft ausgedrückt werden soll.

SICH SELBER AM AUGENLID ZIEHEN heißt in Europa und in einigen südamerikanischen Ländern »Sei wachsam« oder auch »Ich bin auf der Hut«.

SICH AM OHR ZUPFEN (oder auch das – eigene – Ohr anfassen) ist in Indien ein Zeichen von Reue oder für Ehrlichkeit. Eine ähnliche Geste, Festhalten des Ohrläppchens zwischen Daumen und Zeigefinger, zeigt in Brasilien Dankbarkeit an.

TIPPEN AN DIE NASE: In Großbritannien drückt man so Verschwiegenheit und Vertraulichkeit aus, in Italien ist es eine gutgemeinte Warnung.

DAUMEN AN DIE NASE ist eine der bekanntesten und weitverbreitetsten Gesten in Europa. Sie steht für Spott oder Hohn und kann zur Verstärkung der Aussage auch mit beiden Händen ausgeführt werden (eine »lange Nase« drehen).

WACKELN AN DER NASE ist in Puerto Rico eine Frage: »Was ist hier eigentlich los?«

WANGENBOHREN: typisch italienisch, drückt Bewunderung aus.

STREICHELN DER WANGEN ist in Griechenland, Italien und in Spanien ein Zeichen großer Anerkennung, auch Bewunderung, in Jugoslawien signalisiert man damit »Erfolg«.

KUSS AUF DIE FINGERSPITZEN ist eigentlich typisch französisch für »Aah, wunderbar«. Das Zeichen kommt aber auch in allen anderen romanischen Ländern (und in Südamerika) vor. Das Objekt der Bewunderung kann alles sein, eine Frau, Wein, ein Superauto oder ein Elfmeter beim Fußball. Diese Geste geht wahrscheinlich zurück auf die alten Griechen und Römer, die beim Betreten und Verlassen eines Tempels Küsse in Richtung der Götterstatuen oder des Altars warfen.

SCHNIPPEN AM KINN ist allemal negativ: »Interessiert mich nicht« oder »Hau ab!« in Italien; in Brasilien und Paraguay: »Keine Ahnung«.

KREISEL AM OHR: In den meisten europäischen und in einigen lateinamerikanischen Ländern bedeutet eine kreisende Bewegung mit dem Finger ums Ohr einfach »verrückt«. In den Niederlanden signalisiert es jemandem, daß er am Telefon verlangt wird.

KOPFNICKEN verstehen Bulgaren und Griechen als »nein«, in den meisten anderen Ländern heißt es »ja«.

TIPPEN AN DIE STIRN ist in Deutschland das berühmt-berüchtigte »Vogel-Zeigen«, auf Straßen und Autobahnen oft als stummer Kommentar zur Fahrerqualität eines anderen Fahrers abgegeben – kostet Bußgeld. Ist auch in Argentinien populär – kostet aber kein Bußgeld.

AN DEN EIGENEN KOPF TIPPEN bedeutet in Argentinien und Peru »Ich denke gerade« oder »Denk' nach«.

NEIGEN DES KOPFES: Den Kopf in den Nacken neigen ist in Paraguay ein Eingeständnis: »Ich habe etwas vergessen«.

ZURÜCKWERFEN DES KOPFES wird in Süditalien, Griechenland, in Tunesien und auf der Insel Malta als Verneinung verstanden, in Deutschland und in Skandinavien als eine einladende Geste und in Indien als »ja«.

MIT DEN HÄNDEN REDEN ...

HÖRNER, HORIZONTAL (nur Zeigefinger und kleiner Finger ausgestreckt): In den meisten südeuropäischen Ländern ist das eine Geste der Abwehr von bösen Geistern. In einigen afrikanischen Ländern wird eine Variante davon, das Zeigen auf jemanden mit Zeige- und Mittelfinger, so ausgelegt, daß man damit das »böse Auge« auf ihn lenken will. Seien Sie also vorsichtig!

HÖRNER, VERTIKAL: In Italien drückt man so aus, daß Sie zum Narren gehalten worden sind. In Brasilien ist es ein Glückszeichen.

V-ZEICHEN: Churchill hat dieses Zeichen (»Victory« = Sieg) berühmt gemacht, ein hochgestrecktes V aus Zeige- und Mittelfinger, die Handfläche nach außen, dem Betrachter zugewandt. Margaret

Thatcher hat einmal Pfiffe und Buhrufe kassiert, weil sie ihre Hand-fläche nach innen kehrte – das heißt grob »Hau ab!«. In nicht bri-tisch orientierten Ländern bestellt man auf diese Weise »zwei«, zum Beispiel »Noch zwei Bier, bitte«.

WINKEN MIT DEM FINGER: Im Nahen und Fernen Osten gilt es als beleidigend, jemanden mit Fingern (bzw. auch nur mit einem Fin-ger) heranzuwinken. Wenn man allerdings mit der ganzen Hand winkt, entspricht es durchaus den ungeschriebenen Regeln.

FUCHTELN MIT DER HAND ist in Griechenland – es heißt dort »mountza« – eine Beleidigung, und je näher Ihre Hand dabei dem Gesicht der anderen Person kommt, als desto bedrohlicher wird die Geste aufgefaßt. Seltsamerweise auch in Nigeria. Es ist in jedem Fall die falsche Art und Weise, die Aufmerksamkeit eines Kellners auf sich lenken zu wollen.

FINGERKREIS (Daumen und Zeigefinger formen einen Kreis, die an-deren Finger zeigen ausgestreckt nach oben): Das ist das US-Signal für »okay«. Aber in Brasilien ist es eine eindeutig obszöne Geste, in Griechenland und in der Sowjetunion gilt sie zumindest als taktlos, in Japan bedeutet sie »Geld« und in Südfrankreich »null« oder »wertlos«.

GEKREUZTE FINGER werden in Europa unterschiedlich gedeutet, in jedem Fall aber positiv: als »Schutz«, auch »Gott schütze dich« oder »Viel Glück«. In Paraguay ist es eine anstößige Geste.

SCHNIPPEN MIT DEN FINGERN BEIDER HÄNDE hat in Frankreich und in Belgien eine vulgäre Bedeutung. In Brasilien gibt man damit zu verstehen, daß man etwas »vor langer Zeit (auch: für lange Zeit) ge-tan hat«.

ZEIGEN MIT DEM (ZEIGE-)FINGER ist unhöflich in den meisten Län-dern des Nahen und Fernen Ostens, egal ob man nun auf eine Person oder auf einen Gegenstand zeigt. Man nimmt statt dessen zum Zei-gen die offene Hand, nur in Indonesien benutzt man dazu den Daumen.

DER »DRITTE FINGER«. Dieses Zeichen (mit dem Mittelfinger nach oben schnippen) ist nirgendwo positiv. Es ist ein altes Zeichen, gut und gern zweitausend Jahre alt (die Römer nannten den dritten Fin-ger den »unverschämten«). Araber haben eine eigene Variante: Der Finger schnippt nach unten.

SCHLAG MIT DER FLACHEN HAND AUF DIE FAUST, das kann in Italien nur heißen: »A .....«; so allmählich übernimmt ein Land nach dem anderen diese Verbalinjurie. In einigen Mittelmeerländern gibt es eine Variante dieser Geste: Schlag in die Armbeuge, und der Unterarm zuckt nach oben … In England ist dies dann ein deftiges (und nicht salonfähiges) Kompliment an eine Frau, bedeutungsvoller als der anerkennende Pfiff.

DAUMEN AUSGESTRECKT NACH OBEN: Was alle Welt aus der Flieger-(Zeichen-)Sprache für »in Ordnung«, »okay« übernommen hat, ist in Australien eine höchst unanständige Geste.

»FLIEGE MACHEN«: Dabei verscheuchen die Bewegungen der Finger der flachen Hand ein Ärgernis: »Geh' weg«. Das ist international.

DIE HANDFLÄCHE NACH VORNE DRÜCKEN, die Finger gespreizt, das ist in Nigeria ziemlich unanständig und kann Sie in erhebliche Schwierigkeiten bringen.

DIE HAND ALS »TASCHE« ist eine rein italienische, eine nationale Geste: Die Spitzen der fünf Finger zeigen – zusammengepreßt – nach oben, Handrücken zum Gegenüber. Es ist eine wortlose Frage: »Was wollen Sie von mir?«

DIE »SÄGE«: Sie wollen einen Handel in Kolumbien abschließen und den Profit teilen: eine Hand horizontal und mit der Fläche nach unten, die andere Hand »sägt« vertikal darüber hinweg.

DER »BESEN« ist in Lateinamerika und in den Niederlanden bekannt. Wenn Sie mit der Hand eine fegende oder greifende Bewegung auf sich selbst zu machen, signalisieren Sie damit, daß jemand stiehlt oder »mit etwas davonkommt«. In Peru allerdings heißt dieses Zeichen »Zahlen Sie« oder einfach »Geld«.

HÖHE ANZEIGEN: In Kolumbien darf man nur die Größe (Höhe) eines Tieres mit der Hand anzeigen, die Handfläche ist dabei nach unten gerichtet. Will man die Größe eines Kindes mit der Hand anzeigen, muß die Handfläche zum Betrachter zeigen, in Mexiko geht man den möglichen Mißverständnissen aus dem Weg und zeigt mit dem Zeigefinger an.

DER »WAI« ist die traditionelle Begrüßung in Thailand, die gleiche Geste wie in Indien und in Nepal das »namaste«.

VERSCHRÄNKTE ARME deutet man in Finnland als Zeichen von Überheblichkeit und Arroganz, auf den Fidschi-Inseln sind sie eine Respektlosigkeit.

KLOPFEN AN DEN ELLBOGEN ist negativ. In Holland heißt es »Man kann sich nicht auf ihn verlassen« und in Kolumbien »Du bist geizig«.

DIE »FEIGE« (eine Faust, wobei der Daumen zwischen Zeige- und Mittelfinger steckt): in Mitteleuropa und den Mittelmeerländern eine obszöne Geste. In Brasilien weiß man von dieser Bedeutung nichts, dort ist es ein Glückssymbol, das zum Beispiel als Briefbeschwerer hergestellt und verkauft wird und als Amulett, das am Hals getragen wird.

KAPITEL 3

ENDE GUT, ALLES GUT: EIN SCHNELLKURS

NUR NICHT DAS GESICHT VERLIEREN ODER IN ALLEN SÄTTELN ZU HAUSE

Mit dem folgenden Kapitel soll sowohl häufig reisenden Geschäftsleuten als auch Touristen ein kurzgefaßtes hilfreiches Nachschlagewerk an die Hand gegeben werden. Es ist eine Zusammenfassung der bisherigen »Lektionen«, nach Kontinenten geordnet. Wiederholungen sind durchaus gewollt.

EUROPA

TERMINE/PÜNKTLICHKEIT

Für alle Länder Europas gilt grundsätzlich, daß Termine – auch private – im voraus telefonisch oder schriftlich vereinbart und nach Möglichkeit auch pünktlich wahrgenommen werden. Pünktlichkeit wird als Zeichen von Höflichkeit gewertet. Das gilt insbesondere in der Bundesrepublik, in den Benelux-Ländern, in Skandinavien, in der Schweiz, in Frankreich und in Rumänien.

Sehr viel weniger zeitbewußt sind die Griechen, die Iren, die Italiener und die Spanier (außer beim Stierkampf!). In Island sind geschäftliche Terminvereinbarungen nicht nötig, sind eigentlich unbekannt, »Vorbeischauen« ist die Landessitte. In Griechenland genügt im allgemeinen eine kurzfristige telefonische Anmeldung. In Großbritannien können Sie zu einem Termin zwar zehn Minuten zu spät kommen, aber um Himmels willen nicht zehn Minuten zu früh.

Wenn Sie ganz sichergehen wollen, daß Sie nichts falsch machen, erscheinen Sie in jedem Land pünktlich zu einem Termin. Seien Sie aber nicht überrascht, wenn Ihre Gesprächspartner in den weniger zeitbewußten Ländern unpünktlich sind.

In Italien und Portugal sind die meisten Büros und Geschäfte von 12 bis etwa 15 Uhr geschlossen. In Spanien liegt die »Siesta« zwischen 13.30 und 16.30 Uhr. Die lange Mittagspause gibt den Familien Gelegenheit, zur Hauptmahlzeit des Tages zusammenzukommen. Nehmen Sie bei Ihrer Terminplanung nach Möglichkeit Rücksicht auf diese Zeiten.

Von Juli bis Anfang September sind Geschäftsreisen in skandinavische Länder (ausgenommen Dänemark) etwas heikel. Nach dem langen Winter dort ist die Sonne in diesen Monaten wohl der einzige gerngesehene Besucher. Auch in der Schweiz reagiert man auf nicht unbedingt dringliche Geschäftstermine zur Hauptferienzeit im Juli und August wenig begeistert.

NAMEN/BEGRÜSSUNGEN

In Großbritannien werden Ehrentitel wie »Dame« oder »Sir« sogar unter guten Bekannten benutzt. Dem »Dame« oder »Sir« folgt nur der Vorname, zum Beispiel »Sir Laurence« oder »Dame Peggy«. Es empfiehlt sich, abzuwarten, wie die anderen die entsprechende Person anreden. Titel hören auch die Österreicher gern, sehr gern sogar. In Italien führen alle Universitätsabsolventen einen Titel und erwarten normalerweise, damit angeredet zu werden.

In Island werden nur Vornamen benutzt, da es Familiennamen, wie wir sie kennen, nicht gibt. Nachnamen bezeichnen die Herkunft, zum Beispiel »Sohn von Einar« (Einarsson) oder »Tochter von Karl« (Karlsdottir).

Der Handschlag als Begrüßung ist in allen europäischen Ländern üblich. In Italien, Belgien und Luxemburg ist er fast zum Nationalsport erhoben worden.

Mit Küssen auf die Wange und/oder Umarmungen begrüßt man sich in Belgien, Frankreich, Griechenland, in der UdSSR und besonders heftig in Portugal und Spanien (»abrazo«) unter guten Bekannten, meistens jedoch nur, wenn man demselben Geschlecht angehört. Lassen Sie Ihre Gastgeber am besten auf sich zukommen.

In Österreich gilt es in kleineren Städten als höflich, Leute, auch vollkommen Fremde, in der Öffentlichkeit zu grüßen.

GASTFREUNDSCHAFT/SCHENKEN

In fast allen europäischen Ländern wird bei geschäftlichen Anlässen üblicherweise in ein Restaurant oder in einen Club eingeladen. Bei (privaten) Einladungen nach Hause erhebt sich zwangsläufig die Frage nach einem passenden/angemessenen Geschenk: Was schenke ich am besten wo und wem?

BLUMEN für die Gastgeberin sind überall ein gerngesehenes Geschenk. Sie können nichts falsch machen, wenn Sie bei der Auswahl und Übergabe dieselben Regeln beachten, die auch in der Bundesrepublik gelten: Schenken Sie eine ungerade Zahl Blumen, aber nie 13! Überreichen Sie die Blumen ohne das Papier. Keine Lilien, Chrysanthemen oder rote Rosen. In Österreich, in den Benelux-Ländern und in Italien sind Chrysanthemen Todessymbole, in Großbritannien sind es die Lilien; in Frankreich, in der Schweiz und in Polen bedeuten rote Rosen romantische Liebe – wie bei uns.

Wenn Sie zu einem Essen in größerem Rahmen eingeladen sind, lassen Sie die Blumen vorher überbringen. So belasten Sie die Gastgeberin nicht mit der damit verbundenen zusätzlichen Arbeit am Abend und vermeiden außerdem Peinlichkeiten, falls andere Gäste mit leeren Händen erscheinen. Fügen Sie dem Strauß eine kleine handschriftliche Notiz auf einer neutralen Karte bei.

ALKOHOLISCHE GETRÄNKE sind in allen sozialistischen Ländern beliebte Geschenke. In westlichen Ländern, die keine eigenen Weinanbaugebiete haben, besonders in Großbritannien, sind deutsche Spitzenweine (Weißweine) willkommen.

GESCHENKE VON INTELLEKTUELLEM ODER ÄSTHETISCHEM WERT werden besonders in Frankreich geschätzt. Auch den Sowjetbürgern sind kleine kunstgewerbliche Arbeiten oder ein Buch sehr willkommen. (Vorsicht! Erkundigen Sie sich vorher, welche Literatur Sie einführen dürfen.)

SEHR PERSÖNLICHE GESCHENKE wie Parfüms oder Kleidung sind nur bei längerer Bekanntschaft angebracht. Eine Ausnahme bilden die sozialistischen Länder, in denen zum Beispiel Jeans und Kosmetika, ebenso Markenartikel mit internationalem Flair aus dem Westen heiß begehrt sind.

NAHRUNGS- UND GENUSSMITTEL sind ein passendes Geschenk in sozialistischen Ländern. Die Jugoslawen und die Rumänen freuen sich zum Beispiel auch über Kaffee. Überall in Westeuropa können Sie auch Schokolade und Gebäck mitbringen.

GESCHENKE FÜR DAS HAUS sollten immer sofort nach der Ankunft überreicht werden und nicht erst nach dem Essen, wenn es wie eine Bezahlung aussehen könnte. Wählen Sie nur dann ein Geschenk für das Haus, wenn Sie sicher sind, daß es den Geschmack Ihrer Gastgeber trifft. Es soll schließlich keine bleibende Erinnerung an Ihren »schlechten Geschmack« hinterlassen.

GESCHENKPAPIER sollte weder zu billig noch zu teuer und schon gar nicht ausgefallen wirken. Vermeiden Sie Farben, die auch in der Bundesrepublik nicht gern gesehen werden: Weiß, Braun und Schwarz. Legen Sie einem verpackten Geschenk keine Visitenkarte bei, sondern eine Blanko-Karte mit handgeschriebener Notiz.

WERBEGESCHENKE, vor allem solche, die einen auffälligen Firmenaufdruck tragen, sind kein passendes Gastgeschenk! Der Austausch von Werbegeschenken, der zum Beispiel in Italien üblich ist, in Frankreich jedoch nicht gern gesehen wird, sollte sich auf den geschäftlichen Bereich beschränken.

EINLADUNGEN

In Dänemark und in Großbritannien werden Sie als Geschäftsmann/ -frau häufiger eine Einladung, auf der es heißt »schwarze Krawatte« oder »Smoking«, erhalten als in anderen Ländern.

Denken Sie in Großbritannien daran, daß nach Feierabend sofort alles Geschäftliche abgelegt wird. Nichts verärgert Ihren Gastgeber schneller und gründlicher als Geschäftsverhandlungen beim Essen und Trinken.

In Großbritannien können Sie sich für Bewirtungen mit einer Gegeneinladung zum Mittag- oder Abendessen, mit einem Drink oder mit Karten für einen Theater- oder Ballettabend bedanken.

In den südeuropäischen Ländern gilt die Ablehnung einer (ernstgemeinten) Einladung zum Essen als Beleidigung.

ALKOHOL ZUM ESSEN wird in allen skandinavischen Ländern in großen Mengen und in großer Auswahl konsumiert. In Norwegen und Schweden, wo Alkohol am Steuer sehr streng geahndet wird, wird bei privaten Zusammenkünften üblicherweise eine Person vorher (!) als Fahrer bestimmt, die dann keinen Alkohol trinkt. In Dänemark wird man Ihnen sicher den berühmten Aquavit (wörtlich: Wasser des Lebens) anbieten. Vorsicht! Was Sie danach sehen, sind wahrscheinlich noch nicht die Nordlichter.

Man prostet einer Person oder einer ganzen Gesellschaft mit »skol« zu. In Schweden können die Trinksprüche formeller sein als in den anderen skandinavischen Ländern. Ihren schwedischen Gastgeber können Sie durch Kenntnis folgender (ziemlich altmodischer) Regeln beeindrucken:

■ Prosten Sie niemals Ihrem Gastgeber oder einer Person zu, die älter ist als Sie oder eine höhere Position bekleidet, bevor diese/r mit Ihnen angestoßen hat.
■ Rühren Sie Ihr Getränk erst an, wenn Ihr Gastgeber »skol« gesagt hat.
■ Wenn Sie besonders korrekt sein wollen, prägen Sie sich diesen Ablauf ein: Führen Sie das Glas von der Gürtellinie an bis in Augenhöhe, schauen Sie Ihrem Gegenüber in die Augen, sagen Sie »skol«, trinken Sie einen Schluck, prosten Sie mit dem Glas in der Hand Ihrem Gastgeber zu und stellen Sie das Glas wieder zurück auf den Tisch.

Auch in der UdSSR, in Polen und in den Niederlanden versteht man etwas von Trinksprüchen. Es macht einen guten Eindruck, wenn Sie selbst einen parat haben, möglichst in der Landessprache.

In allen Ländern sollten Sie erst rauchen, wenn nach dem Essen Kaffee und Kognak serviert werden. Vor allem in Großbritannien treten Sie tief ins Fettnäpfchen, wenn Sie sich eine Zigarette anzünden, bevor auf das Wohl Ihrer Majestät angestoßen wurde.

In Finnland kann ein Abendessen mit einem gemeinsamen Besuch in der Sauna enden – nach Geschlechtern getrennt!

Die großzügigsten Gastgeber in Europa sind die Griechen. Manchmal sind sie geradezu überwältigend. Es empfiehlt sich daher Zurückhaltung in der Bewunderung eines bestimmten Gegenstandes im Besitz Ihres griechischen Gastgebers: Er könnte darauf bestehen, Sie zum neuen Eigentümer zu machen.

UNTERHALTUNG

Grundsätzlich sollte man keine brisanten Themen anschneiden und mit der eigenen Meinung auch dann zurückhaltend sein, wenn der Gastgeber ein »heißes Eisen« anfaßt. Mischen Sie sich nie in Rivalitäten zwischen Nationen ein. Bleiben Sie unparteiisch. Die Belgier zum Beispiel erzählen gerne Witze über die Niederländer und ereifern sich über den Sprachenstreit zwischen Wallonen und Flamen; in Griechenland wird man sich vielleicht in Ihrer Gegenwart negativ über die Türken äußern, und in Frankreich wird man wahrscheinlich versuchen, Sie in eine der dort so beliebten hitzigen Debatten hineinzuziehen – in jedem Fall ist für Sie als Gast Vorsicht geboten. Politik, Religion und Geld sind die Themen, auf die Sie besser überhaupt nicht von sich aus zu sprechen kommen. Sie könnten dabei ganz unabsichtlich Apsekte der nationalen und internationalen Politik berühren, die das Land unmittelbar betreffen und damit riskieren, daß die Stimmung »umkippt«. Besonders in den sozialistischen Ländern sollten Sie sich jeglicher Kritik an der Staatsform, den Staatsmännern oder den sozialen und ökonomischen Zuständen im Lande enthalten. Jugoslawien ist dabei die Ausnahme; die Jugoslawen sprechen recht offen über Politik, aber seien Sie als Besucher trotzdem zurückhaltend.

In Großbritannien ist man empfindlich, was Klatsch über das Königshaus betrifft, aber auch in einem so liberalen Land wie Schweden reagiert man eher empfindlich auf kritische Bemerkungen über das Königshaus.

Guten Gesprächsstoff liefern überall Ihre – positiven – Eindrücke von dem Land. »Sport« und »Reisen« sind überall beliebte und unverfängliche Gesprächsthemen; bei »Fußball« zum Beispiel geht fast jedem Italiener das Herz auf.

In Italien, Jugoslawien, Polen, Portugal und in der Türkei redet jeder gerne über die eigene Familie, in der Schweiz und in Spanien dagegen wird dieses Thema eher vermieden. Gespräche über persönliche Angelegenheiten schätzen auch die Briten, die Franzosen und die Norweger nicht besonders.

Berufliche Gespräche nach Feierabend sind in Großbritannien, in Frankreich, in Norwegen, in Spanien und in der Schweiz ein Un-Thema. In Großbritannien wird es übrigens als plumpe Vertraulichkeit aufgefaßt, jemanden nach seiner beruflichen Position zu fragen, genauso tabu ist das Thema in Norwegen und in der Schweiz.

Über Hobbies und kulturelle Interessen wird überall geredet. »Jagd« ist ein Risiko-Thema. Und dies noch: Kritisieren Sie in Spanien nie den Stierkampf.

Übrigens bedeutet ein Kopfnicken in Bulgarien »nein« und ein Kopfschütteln »ja«. In Griechenland heißt ein leichtes Nicken mit dem Kopf nach oben »nein«. Wenn ein Grieche lacht, kann das bedeuten – daß er wütend ist.

TRINKGELD

Hotel- und Restaurantrechnungen enthalten normalerweise schon einen Bedienungszuschlag zwischen 10 und 20 Prozent; es ist üblich, in Restaurants zusätzlich noch einmal 5 Prozent des Rechnungsbetrages als Trinkgeld zu geben – wenn Sie zufrieden waren. Auch die Dienste des Gepäckträgers und des Zimmermädchens im Hotel sollten extra belohnt werden. In Osteuropäischen Ländern werden Trinkgelder – entgegen offiziellen Auskünften – natürlich auch gerne genommen.

DANKESCHÖN

Dazu brauchen Sie persönliches Briefpapier und ein bißchen Zeit. Und dann schreiben Sie – noch von unterwegs, gleich an Ort und Stelle – einen Gruß und ein Dankeswort an alle, die Sie auf der Reise bisher kennengelernt haben – bevor ihre (und Ihre!) Erinnerung völlig verblaßt oder all die kleinen Merkzettel nicht mehr aufzufinden sind. Wenn Sie während eines Besuches Fotos gemacht haben, auf denen der Gastgeber zu sehen ist (in seinem Haus, auf einem Ausflug, vor der Kulisse des Hafens), schicken Sie ein paar Abzüge der gelungensten Bilder. Es ist eine zusätzliche Aufmerksamkeit, auf der Rückseite der Fotos noch das Datum der Aufnahme zu notieren.

AFRIKA

TERMINE/PÜNKTLICHKEIT

Nur im »weißen« Südafrika legt man wirklich großen Wert auf Pünktlichkeit. In allen anderen afrikanischen Staaten kennt man zwar den westlichen Sinn für Pünktlichkeit und wird Ihnen sicher darin entgegenkommen wollen, stellen Sie sich aber trotzdem darauf ein, daß Ihre Gastgeber großzügig mit der Zeit umgehen.

Termine sollten Sie lange im voraus vereinbaren, wichtige Termine schon von Europa aus. Planen Sie für Fahrten vom Flughafen zu Ihrem Hotel, Quartier oder Zielort viel Zeit ein. Die Fahrzeiten sind einfach anders, und die Fahrpläne werden nicht sehr zuverlässig eingehalten.

In Staaten, in denen der Islam dominiert oder Staatsreligion ist (Ägypten zum Beispiel, Marokko und Tunesien, Libyen, Senegal), ist der Freitag ein Feiertag. Die Arbeitswoche geht also von Samstag bis Donnerstag.

NAMEN/BEGRÜSSUNGEN

Bei der Begrüßung und beim Abschied ist das Händeschütteln allgemein üblich. In Algerien, Mosambik und Sambia werden Gäste immer mit Titeln und Nachnamen angesprochen. Auch Berufsbezeichnungen werden häufig als Anrede benutzt.

SCHENKEN

In nicht-islamischen Ländern ist es angebracht, der Gastgeberin Blumen zu überreichen, wenn Sie in ein Privathaus eingeladen sind.

Markenartikel aus Europa oder aus den USA sind in allen afrikanischen Ländern begehrt. Es kann Ihnen jedoch bei der Einreise passieren, daß Ihnen Zollbeamte die Geschenke wegnehmen – zum Eigenbedarf und nicht etwa, weil die Artikel nicht eingeführt werden dürften.

Überreichen Sie in islamischen Ländern Geschenke nur mit beiden Händen oder nur mit der rechten Hand. Die linke gilt als unrein.

In Tansania ist es Brauch, einem Gast zum Abschied ein Geschenk zu überreichen. Der Besucher sollte seinerseits ebenfalls ein Geschenk bereithalten.

GASTFREUNDSCHAFT

In Ägypten beginnen gesellschaftliche Zusammenkünfte normalerweise später als anderswo. Das Abendessen kann durchaus erst ab 22.30 Uhr serviert werden.

In islamischen Ländern werden Sie mit einer Männerrunde vorlieb nehmen müssen. In christlich orientierten Ländern ist die Ehefrau dagegen automatisch in eine Einladung miteinbezogen.

Essen Sie in islamischen Ländern nur mit der rechten Hand und mit den Fingern, wenn es Ihr Gastgeber auch tut.

Marokkaner laden Sie gerne zu gigantischen Festessen in ihr Haus ein. Bevor Sie das Haus betreten, bieten Sie an, Ihre Schuhe auszuziehen. Vor dem Betreten einer Moschee müssen Sie das auf jeden Fall tun.

UNTERHALTUNG

Politik, soweit sie das Gastland berührt, Religion und Wirtschaftsprobleme sind überall heikle, wenn nicht ungeeignete Gesprächsthemen. Vermeiden Sie auch Ausdrücke wie »Dritte Welt« und »Entwicklungsländer«.

Sprechen Sie statt dessen, wenn Grund dafür gegeben ist, über den industriellen Fortschritt des Landes, über Agrarreformen und über die Kunst und Kultur des Landes. Positives über das Land hört man überall gern. In Tansania und Kenia bieten sich zum Beispiel die Nationalparks als Gesprächsthema geradezu an, in Ägypten die alte ägyptische Kultur.

Die Sambier und Tansanier lieben übrigens Diskussionen über Weltpolitik. Für politische und wirtschaftliche Neuigkeiten wird man, soweit sie keine negativen Auswirkungen auf Afrika haben, auch überall aufgeschlossen sein.

Südafrika ist wohl das einzige Land, in dem es Ihnen wirklich schwerfallen dürfte, Debatten über die Politik des Landes, insbesondere die Apartheid, zu vermeiden. Sie werden jedoch erleben, daß auch die weißen Südafrikaner durchaus geteilter Meinung darüber sind. Folgen Sie in der Unterhaltung dem Beispiel Ihres Gastgebers, um Schwierigkeiten zu vermeiden. Das gilt vor allem für Ihr Verhalten in der Öffentlichkeit.

Viele Afrikaner sind zweisprachig und beherrschen neben ihrer eigenen Sprache auch die ihrer ehemaligen Kolonialmacht. So ist zum Beispiel Französisch die offizielle Sprache der Elfenbeinküste und Umgangssprache in den Maghreb-Ländern Algerien, Marokko und Tunesien; in Kenia und Tansania, in Nigeria und Gambia spricht man Englisch, in Südafrika neben Englisch auch Afrikaans.

DER NAHE OSTEN

Auf angemessene Kleidung und peinlich korrektes Verhalten im Umgang mit dem anderen Geschlecht wird überall im Nahen Osten großer Wert gelegt.

Strenggläubige Moslems halten sich in jeder Situation an die islamischen Religionsgebote, die vorschreiben, daß jede Tätigkeit fünfmal am Tag für das Gebet ruht. Man erwartet von Ihnen natürlich nicht, daß Sie sich dem anschließen, Sie dürfen aber Ihren Gastgeber auf keinen Fall bei der Zeremonie stören oder Ungeduld zeigen.

Während des Fastenmonats Ramadan (neunter Monat des islamischen Kalenders) ist von Besuchen im Nahen Osten eher abzuraten. Das Fasten tagsüber macht die Menschen leicht aggressiv, in jedem Fall wenig gesprächsbereit. Um die Mittagszeit ruht die Arbeit. Nach Sonnenuntergang (bis Sonnenaufgang) ist das Fastengebot aufgehoben.

Sagen Sie »Arabischer Golf«, wenn Sie vom »Persischen Golf« sprechen, und »Moslems«, nicht »Mohammedaner«.

Achten Sie darauf, Ihrem Gastgeber nicht Ihre Schuhsohle zu zeigen, am besten verzichten Sie deshalb darauf, beim Sitzen die Beine übereinanderzuschlagen: Das Zeigen der Schuhsohle ist eine Beleidigung.

Termine/Pünktlichkeit

Der Freitag ist der islamische Sonntag, die Woche geht also von Samstag bis Donnerstag. In Israel wird der Sabbath von Freitagnacht bis Samstagnacht von orthodoxen Juden streng eingehalten.

Terminabsprachen und Pünktlichkeit sind überall im Nahen Osten erwünscht, besonders in den Golfstaaten (Bahrain, Kuwait, die Sultanate von Oman, Katar und die Vereinigten Arabischen Emirate, die ein Zusammenschluß folgender Scheichtümer sind: Abu Dhabi, Dubai, Sharja, Ras al Khaima, Ajman, Umm al-Qaiwan und Fujairah). Nur im Libanon nimmt man Pünktlichkeit nicht allzu ernst. Bei gesellschaftlichen Anlässen müssen Sie aber nirgendwo auf die Minute genau erscheinen.

Wundern Sie sich nicht, wenn bei Ihrer Verabredung noch andere Geschäftsleute anwesend sind und mehrere Verhandlungen gleichzeitig stattfinden. Unter Arabern ist es üblich, Geschäftliches mit mehreren Freunden gemeinsam und in Anwesenheit Dritter zu besprechen.

Namen/Begrüssungen

Außerhalb des Privatbereichs ist der Handschlag üblich, aber ein Gastgeber könnte Sie durchaus mit einem Kuß auf beide Wangen willkommen heißen. Sie sollten das erwidern. Ziehen Sie auch nicht Ihre Hand erschreckt zurück, wenn ein Araber sie ergreift und sie festhält, während er neben Ihnen hergeht. Das ist nur ein nettes Zeichen der Freundschaft, mehr nicht!

In Saudi-Arabien und in den Golf-Staaten ist die Begrüßungsform recht kompliziert. Zuerst sagen Sie »salaam alaykum«, dann schütteln Sie die Hand Ihres Gegenübers und sagen dabei »kaif halak«. Daraufhin wird Ihr Gastgeber wahrscheinlich seine linke Hand auf Ihre rechte Schulter legen und Sie auf beide Wangen küssen.

Im Iran erwarten Ihre Gastgeber, daß Sie sie mit Familiennamen oder mit ihren akademischen Titeln ansprechen. In Israel legt man dagegen auf Titel überhaupt keinen Wert. Zur Begrüßung und zum Abschied sagen die Israelis »Shalom« (Friede).

Nehmen Sie einen ausreichenden Vorrat an Visitenkarten mit. Lassen Sie die eine Seite in Englisch und die andere in der Landessprache bedrucken.

Schenken

Geschenke werden im Nahen Osten geschätzt, aber nicht erwartet. Ein Araber wird in der Regel bestrebt sein, Sie an Großzügigkeit zu übertrumpfen. Es kann allerdings auch sein, daß er abwartet, wie Sie sich verhalten.

Alkohol können Sie nur im Irak unbedenklich schenken. Der Islam verbietet im allgemeinen auch Fotografien, Skulpturen von Frauen und Tierdarstellungen (Unglückssymbole).

Angemessene Geschenke sind immer wertvolle Schreibutensilien, wie zum Beispiel Füllfederhalter, die sich zum Schreiben der kunstvollen arabischen Schrift sehr gut eignen.

Geschenke von intellektuellem Wert, zum Beispiel Kunstgegenstände, Bücher, Schallplatten und Kassetten, werden gern entgegengenommen. Ebenso Büroartikel von der Schreibtischgarnitur bis zum Taschenrechner. Deutsche Markenartikel sind sehr geschätzt. In Israel ist ein Buch immer eine gute Geschenkidee, denn Israelis sind eifrige Leser.

Bringen Sie nichts für die Gastgeberin mit, wenn Sie in ein arabisches Haus eingeladen sind. Sie werden sie wahrscheinlich nicht zu Gesicht bekommen, obwohl sie vielleicht in der Küche das Essen zubereitet. Es ist auch nicht höflich, sich nach ihr zu erkundigen. Wenn Sie ihr dennoch begegnen, seien Sie freundlich, aber sehr zurückhaltend. Reichen Sie ihr nicht die Hand, es sei denn, sie ergreift die Initiative, was sie kaum tun wird.

Geschenke für die Kinder, vor allem Weltneuheiten auf dem Spielzeugmarkt, sind sehr willkommen.

Überreichen Sie Ihrem Gastgeber ein Geschenk nie, wenn Sie mit ihm allein sind. Das könnte zu Spekulationen Anlaß geben und Araber, die für unsere Begriffe ungewöhnlich empfindlich auf die öffentliche Meinung reagieren, in eine peinliche Situation bringen.

Ihr arabischer Gastgeber wird sich wahrscheinlich sehr großzügig geben. Seien Sie zurückhaltend in der Bewunderung von Dingen in seinem Besitz, denn es kann passieren, daß er dann darauf besteht, Ihnen den bewunderten Gegenstand zu schenken. In dem Fall wären Sie gezwungen anzunehmen, um ihn nicht zu beleidigen.

GASTFREUNDSCHAFT

Schweinefleisch werden Sie im Nahen Osten kaum vorgesetzt bekommen. Auch alkoholische Getränke wird man Ihnen, außer im Irak, selten anbieten. Bitten Sie auch nicht darum und halten Sie, wenn Sie Ihrerseits Araber bewirten, immer alkoholfreie Getränke bereit.

In Saudi Arabien werden Sie wahrscheinlich immer in einem Privathaus bewirtet, denn es gibt dort nicht sehr viele Restaurants und keine Nachtclubs.

Einer Mahlzeit zollen Sie die gebührende Anerkennung, indem Sie ordentlich zulangen. Essen Sie mit den Fingern, wenn es Ihr Gastgeber tut. Essen Sie, auch wenn Eßbesteck gereicht wird, nur mit der rechten Hand, denn die linke gilt als unrein. Sprechen Sie erst nach der Mahlzeit über geschäftliche Dinge.

In Israel sollten Sie eine Bewirtung mit einer Gegeneinladung erwidern, wobei Sie Zeit und Ort genau festlegen.

UNTERHALTUNG

Sprechen Sie nirgendwo im Nahen Osten über Ihre Haustiere, schon gar nicht über Hunde, die man mit bösen Geistern in Verbindung bringt.

Religion und Politik, vor allem die des Nahen Ostens und die internationale Ölpolitik, sind ebenfalls Tabu-Themen. Wenn Sie sich über den Islam informieren wollen, können Sie unbedenklich Fragen stellen. Es wird Ihrem Gastgeber sicher auch schmeicheln, wenn Sie um eine Ausgabe des Korans in einer Ihnen geläufigen Sprache bitten.

Über das Wirtschaftswachstum und die Entwicklung des Landes, über Bildung und Reisen können Sie dagegen überall reden. In den Golf-Staaten sind Falken und Pferde ein besonders beliebtes Thema. Die Libanesen hören gerne Komplimente über ihr Haus und ihr Essen und haben viel Sinn für humorvolle Geschichten.

Von Ihrer Familie sollten Sie nur erzählen, wenn Ihre Gastgeber auf das Thema zu sprechen kommen.

ASIEN

Alle Asiaten besitzen einen ausgeprägten Sinn für Höflichkeit. Sie sind besonders darauf bedacht, in keiner Situation ihr Gesicht zu verlieren. Es wird niemandem verziehen, wenn durch seine Schuld ein Asiate sein Gesicht verliert. Das macht das Schenken in Asien sehr schwierig.

Asiaten achten sehr auf die äußere Erscheinung anderer und auf ihr Auftreten. Sie selbst werden wahrscheinlich keine Schlüsse aus dem äußeren Erscheinungsbild eines Asiaten ziehen können.

Viele Begegnungen beginnen mit einer (Tee-)Zeremonie. Es gilt besonders in Südostasien als unhöflich, sofort auf den Zweck eines Besuches zu sprechen zu kommen, sobald man Platz genommen hat.

Die Handelssprache in Asien ist Englisch.

Wenn Sie ernsthaft an einer langfristigen Beziehung zu einem Land in diesem Teil der Welt interessiert sind, informieren Sie sich am besten umfassend über seine Kultur und seine Geschichte.

TERMINE/PÜNKTLICHKEIT

Vereinbaren Sie Termine, halten Sie sie ein, seien Sie pünktlich, aber nicht verärgert, wenn andere zu spät kommen. Wie bei uns gilt Pünktlichkeit als Zeichen von Respekt und Höflichkeit.

Für Entscheidungen läßt man sich Zeit. Üben Sie sich in Geduld, besonders bei Chinesen, Taiwanesen, Thais und Indonesiern.

NAMEN/BEGRÜSSUNGEN

In der Volksrepublik China ist eine leichte Verbeugung angebracht, wenn Sie jemandem vorgestellt werden; ein Handschlag wird ebenfalls akzeptiert. Die Chinesen sind ziemlich förmlich und sprechen ihre Gäste während der Vorstellungszeremonie mit vollem Titel an.

Das Sprichwort »Abwarten und Tee trinken« ist in Südostasien auch bei geschäftlichen Besprechungen wörtlich zu nehmen.

In Hongkong ist das Händeschütteln bei der Begrüßung und beim Abschied üblich.

In Japan ist die übliche Begrüßungsform eine Verbeugung, kein Handschlag. Sprechen Sie einen Japaner niemals mit seinem Vornamen an. Nur seine Familie und seine engsten Freunde benutzen ihn. «Herr« heißt »san« und wird an den Nachnamen angehängt.

In Indien begrüßen und verabschieden sich Männer mit einem Handschlag, aber auch die traditionelle Verbeugung »namaste« hat noch Gültigkeit. Wenn ein Herr einer Dame vorgestellt wird, sollte er ihr nicht die Hand reichen, sondern seine Handflächen aneinanderlegen und sich leicht verbeugen. Männer sollten keine Frau berühren und auch nicht allein mit einer Frau in der Öffentlichkeit sprechen. Ähnliches gilt für Pakistan und Bangladesh, wo ein Herr eine Dame mit einem freundlichen Nicken und ein paar Worten begrüßt. Wenn Sie einen Pakistani anreden, benutzen Sie Nachnamen und Titel.

Händeschütteln und Kopfnicken beim Kennenlernen sind in Indonesien, Malaysia, auf den Philippinen, in Singapur, Sri Lanka und Taiwan die gebräuchlichen Begrüßungsformen.

Die Thais kennen, außer in westlich orientierten Gesellschaftsschichten, normalerweise kein Händeschütteln. Beim traditionellen und auch am meisten benutzten thailändischen Gruß, dem »wai«, legt man beide Hände in einer Gebetshaltung vor der Brust zusammen. Die Thais bevorzugen Vornamen als Anrede, zum Beispiel Herr Robert oder Frau Barbara.

In Süd-Korea grüßen sich Männer untereinander, indem sie sich leicht verbeugen und entweder mit beiden Händen die Hände des anderen ergreifen oder nur mit der rechten Hand. Frauen reichen sich im allgemeinen nicht die Hände. Familiennamen stehen, nach dem chinesischen System, vor dem Vornamen. Es ist in Korea schwierig, Männer- von Frauennamen zu unterscheiden.

Pakistani untereinander umarmen sich manchmal zur Begrüßung. Auf den Philippinen wird der amerikanische Lebensstil imitiert; so begrüßen sich Männer gern mit einem kräftigen Schlag auf den Rücken.

SCHENKEN

Die Japaner tauschen bei allen möglichen und unmöglichen Gelegenheiten Geschenke aus. Der Schriftsteller Shintaro Ryo beschreibt die Schenkmanie als »eine dem Empfänger aufgezwungene Freundlichkeit mit dem Hintergedanken, in ihm ein Gefühl von Verbindlichkeit und Verpflichtung zu erzeugen.« Die Schlagzeilen über Spendenskandale haben vielleicht den Wert der Geschenke, nicht jedoch den Trend dazu verringert. Im Grunde sind oberflächliche, sogar vollkommen wertlose Geschenke die Norm und haben zu dem geführt, was man »tara imawashi« (»Wandergeschenke«) nennt, d. h. Geschenke, für die man keine Verwendung hat, werden weitergegeben, um seiner Verpflichtung bei jemand anderem nachzukommen. Man unterscheidet in Japan vier verschieden Arten des Schenkens:

1. Giri (Pflichtschenken): wie von Shintaro Ryo beschrieben (siehe oben).
2. Kollektives Schenken: Wie Giri-Schenken, aber hier schenkt eine Gruppe, wobei der einzelne von seiner Verpflichtung entbunden ist und das Schenken unpersönlich bleibt.
3. Schenken mit Hintergedanken: Bestechung.
4. Persönliches Schenken: Bei einer aufrichtigen Verbindung auf gefühlsmäßiger Basis.

In allen Kategorien gelten verbindliche Regeln für gutes Benehmen und guten Stil:

■ Es gibt zwei Termine, zu denen – vor allem im Geschäftsleben – Geschenke ein »Muß« sind: der 15. Juli (die Jahresmitte der Chugen) und der 1. Januar (Jahresende der Toshidama).
■ Es ist besser, dem japanischen Gastgeber beim Schenken den Vortritt zu lassen. Schenken ist schließlich mehr Sitte des Japaners als unsere. Warum sollten wir ihm also nicht die Freude lassen, den ersten Schritt zu tun?
■ Achten Sie auch darauf, nicht großzügiger zu geben als der Japaner. Sie könnten ihn sonst mit einer Verpflichtung Ihnen gegenüber belasten. Andererseits sollte Ihr Gegengeschenk sich im Wert nicht auffällig von dem seinen unterscheiden.

■ Erwarten Sie nicht, daß ein Japaner Ihr Geschenk vor Ihren Augen öffnet. Auch Sie sollten Ihres nicht auspacken, es sei denn, man bittet Sie ausdrücklich darum. Falls Ihr Gastgeber das Geschenk doch öffnet, erwarten Sie keine überschwengliche Reaktion. Und Sie sollten sich ebenfalls zurückhalten.

■ Seien Sie nicht gekränkt über oberflächliche, mehr oder weniger wertlose Geschenke. Für einen Japaner zählt die Zeremonie mehr als Sinn, Zweck und Wert eines Geschenkes.

■ Sie werden selten, wenn überhaupt jemals, in ein japanisches Haus eingeladen werden, aber sollte es geschehen, dann sind Blumen als Mitbringsel angebracht. Lassen Sie sich jedoch von einem Blumenhändler beraten, bevor Sie vielleicht mit einer 16-blättrigen Chrysantheme erscheinen, die ist dem Kaiser vorbehalten.

■ Gucci, Lacoste, Armani, Parker und andere klangvolle Markennamen sprechen eine Sprache, die jeder Japaner versteht.

■ Schenken Sie keine Vierer-Sets. Die Ziffer 4 ist ein Unheilssymbol. Zweier-Sets dagegen sollen Glück bringen.

■ Da es der Japaner liebt, seine Geschenke auszupacken, wenn er alleine ist, überreichen Sie ihm niemals ein unverpacktes Geschenk.

■ Ein noch größerer Fehler als ein unverpacktes Geschenk ist die falsche Verpackung. Es ist wichtig, daß Sie keine Bänder oder Schleifen benutzen. Vermeiden Sie auch einfarbiges Geschenkpapier. Schwarzes und weißes Geschenkpapier erinnert an Beerdigungen, leuchtend rotes ist verpönt. Die Japaner schätzen pastellfarbenes Geschenkpapier. Besonderen Stil (und größten Respekt für den Empfänger) beweisen Sie, wenn Sie Ihr Geschenk in leicht gefärbtes Reispapier verpacken.

■ Wenn man Ihnen ein Geschenk überreicht, bedanken Sie sich, aber warten Sie ein oder zwei Aufforderungen ab, bevor Sie es – mit beiden Händen – annehmen.

Grundsätzlich: Asiaten schätzen es nicht, mit einem Geschenk überrascht zu werden. Sie könnten ihr Gesicht verlieren, wenn sie nicht in der Lage sind, ein Gegengeschenk zu machen.

In China ist Schenken gesetzlich geregelt – eigentlich verboten, wird aber zunehmend toleriert. Wo kein Kläger ist ... Es gibt zwei

Arten von Geschenken, die legal sind und überall öffentlich »überreicht« werden können:

1. Das Bankett. Ihr chinesischer Gastgeber wird bestimmt eines für Sie arrangieren – und erwarten, daß Sie diese Gunst erwidern. Für Bankette gilt ein sehr strenges Protokoll. Bankette können in eigens darauf spezialisierten Restaurants in vier verschiedenen Ausführungen vorbestellt werden. Die von Ihnen gewählte Ausführung muß übereinstimmen mit dem Bankett, das Ihre chinesischen Gastgeber für Sie auswählten. Vergewissern Sie sich auch, daß das Restaurant, in das Sie einladen, für Ihre Gäste akzeptabel ist und daß ein Fachmann Sie in der richtigen Auswahl der Speisen beraten kann.

2. Das kollektive symbolische Geschenk »von uns für Sie alle«. Wenn das Geschenk überreicht wird, sollte deutlich gesagt werden, daß es von der ganzen Gruppe (oder der Firma) kommt, und daß es bestimmt ist für die ganze Gruppe der Empfängerseite. Überreicht werden muß es natürlich an den Sprecher der chinesischen Gruppe. Besonders willkommen sind bei diesen Gelegenheiten Geschenke, die an den Anlaß oder an das Land erinnern, aus dem Sie kommen.

Verschenken Sie niemals ausländisches Geld in der Volksrepublik China, nicht einmal Gedenkmünzen, solange sie noch einen Umtauschwert besitzen. Und keine Uhren: Sie sind Unglückssymbole.

Da es nur wenige Schreibmaschinen gibt (das chinesische Schriftsystem ist kompliziert und umfangreich), herrscht eine ständige große Nachfrage nach Kugelschreibern. Billige Schreiber werden in allen Läden verkauft, aber Kugelschreiber von guter Qualität sind ein Luxus, den jeder Chinese zu schätzen weiß.

Alle geschäftlichen Verhandlungen sollten abgeschlossen sein, wenn man Geschenke, gleich welchen Wertes, überreicht.

Machen Sie sich nicht die Mühe, Ihr Geschenk hübsch einzupacken, bevor Sie den chinesischen Zoll passiert haben – die Wahrscheinlichkeit, daß Sie's wieder auspacken müssen, ist groß. Schlichtes Geschenkpapier und eine hübsche Schachtel reichen als Verpackung aus.

Vermeiden Sie die Farben Blau und Weiß beim Geschenkpapier, es sind die Farben der Trauer.

Überall sonst in Asien sollten Sie Blumen, Früchte, Süßigkeiten oder kleine Geschenke für die Familie mitbringen, wenn Sie privat bewirtet werden. Überreichen Sie die Geschenke mit beiden Händen; das ist besonders wichtig in China, Hongkong, Japan, Taiwan und in Süd-Korea. Keine Geschenke erwarten Indonesier, Malaien und Philippinos, dafür sind dort aber Komplimente und schriftliche Danksagungen nach einer Bewirtung üblich und sehr willkommen.

PS: Achen Sie darauf, in Asien keine Produkte aus der Bundesrepublik zu verschenken, auf die sich die Asiaten selbst spezialisiert haben. Die moderne Version von »Eulen nach Athen tragen« lautet »Taschenrechner in Kyoto verschenken«.

GASTFREUNDSCHAFT

Ziehen Sie in Indonesien, Japan, Malaysia, in Süd-Korea und Thailand auf jeden Fall die Schuhe aus, bevor Sie ein Haus betreten. Und: Essen Sie überall nur mit Ihrer rechten Hand.

In Japan müssen Sie sich darauf vorbereiten, daß Sie zu einem luxuriösen Abendessen in ein Restaurant oder in einen Nachtclub eingeladen werden, das sich über Stunden hinziehen kann. (Wenn Sie japanische Gäste in der Bundesrepublik bewirten, wird es Ihnen wahrscheinlich kaum möglich sein, ihnen einen ähnlichen Luxus wie die Geisha-Haus-Bewirtung zu bieten.)

Mahlzeiten in Taiwan sind sorgfältig vorbereitet und sehr anstrengend. Essen Sie während der ersten Gänge von dem bis zu 20gängigen Mahl nur sehr wenig. Trinksprüche sind üblich. »Kampai« bedeutet: »Die Gläser hoch«.

In China sollten Sie, wenn Sie in ein chinesisches Privathaus eingeladen werden, was selten vorkommt, möglichst ein bißchen zu früh erscheinen und sich kurz nach dem Essen wieder verabschieden. Drücken Sie während des Essens in Trinksprüchen Ihren Dank, Ihre Zufriedenheit und Ihre Freundschaft aus.

Die Chinesen und Taiwanesen essen mit Stäbchen und mit einem Löffel. Inder und Malaien mit den Fingern und mit einem Löffel, Pakistani essen vorzugsweise mit den Fingern. In Süd-Korea werden alle Gänge einer Mahlzeit gleichzeitig serviert.

Hindus und einige Buddhisten essen kein Rindfleisch, strenggläubige Sikhs in Indien (die Turbanträger) essen kein Rindfleisch, rauchen nicht und schneiden sich nicht die Haare.

UNTERHALTUNG

Guten Gesprächsstoff liefern in China die Unterschiede zwischen China und dem Westen, sofern Sie keine Kritik am chinesischen Gesellschaftssystem üben, sowie der technische und wirtschaftliche Fortschritt Chinas.

Die Inder lieben Gespräche über kulturelle Errungenschaften, indische Traditionen und fremde Länder. Die Malaien reden gerne über Politik, Familie, Sport und Essen. Die Philippinos sind sehr familienorientiert und reden gerne über die Familie. Das Thema sollten Sie jedoch anderswo nicht von sich aus anschneiden.

Entwicklungshilfe aus dem Ausland ist in den Ländern, die sie erhalten, ein zu heikles Thema für eine Unterhaltung (zum Beispiel in Indien, Indonesien, auf den Philippinen).

BESONDERHEITEN

In Singapur sind Straßen und öffentliche Anlagen wegen der strengen Strafen für Verunreinigungen auffallend sauber. Drücken Sie Ihre Zigarette (falls Sie rauchen) also nur dort aus, wo man es höflicherweise eigentlich immer und überall tun sollte – im Aschenbecher.

In Süd-Korea hat sich die Gleichstellung der Frau bisher noch nicht einmal ansatzweise durchgesetzt. Männer gehen zuerst durch die Tür und lassen sich auch von Frauen in den Mantel helfen.

Das Rauchen in öffentlichen Anlagen sollte man sich nicht nur in Singapur verkneifen.

Beim Lachen die Hand vor den Mund halten – in Süd-Korea ist das eine Geste der Höflichkeit.

Schnauben Sie sich in Asien möglichst nicht in Gegenwart anderer die Nase, denn es gilt als schlechtes Benehmen.

Treten Sie in Thailand möglichst nicht auf Türschwellen. Die Thais glauben, daß darunter Geister wohnen. Stellen oder setzen Sie sich nie so, daß die Schuhsohle sichtbar wird. Die Füße sollten auch immer so plaziert sein, daß sie nicht auffallen. Berühren Sie keinen Thai – auch Kinder nicht – am Kopf, denn der Kopf wird als Sitz der Seele betrachtet.

In Süd-Korea sollten Sie niemals laut sprechen oder lachen. Koreaner, besonders Frauen, halten sich die Hand vor den Mund, wenn sie lachen.

AUSTRALIEN/OZEANIEN

TERMINE/PÜNKTLICHKEIT

Die Australier legen auf Pünktlichkeit und Terminabsprachen genauso viel Wert wie wir. In Neuseeland sollten Gäste sogar ein paar Minuten vor der Zeit erscheinen.

NAMEN/BEGRÜSSUNGEN

Australier und Neuseeländer lieben einen kräftigen und ausgiebigen Händedruck. Man redet sich schnell mit dem Vornamen an. Es wirkt besonders höflich, wenn Sie Ihren Gastgeber während des Gesprächs öfter mit seinem Namen anreden, zum Beispiel »Das Essen war ausgezeichnet, Jim«, »Darf ich Sie zu einem Drink einladen, Henry?«

Händeschütteln verbunden mit einem Kopfnicken gehört in Samoa, auf Tahiti und Tonga zum guten Ton bei der Begrüßung. Die Einwohner der Fidschi-Inseln begrüßen sich untereinander mit einem Lächeln und hochgezogenen Augenbrauen. Die Tahitianer untereinander küssen sich bei der Begrüßung gewöhnlich die Wangen.

SCHENKEN/GASTFREUNDSCHAFT

Wenn Sie in Australien zum Mittag- oder Abendessen privat eingeladen sind, bringen Sie der Gastgeberin Blumen oder eine Flasche Wein (in Neuseeland auch Whisky) mit.

Auf den Fidschi-Inseln, in Samoa und auf Tahiti wird erwartet, daß der Besucher, bevor er ein Haus betritt, seine Schuhe auszieht.

Samoaner, Tahitianer und Tonganer essen am liebsten mit den Fingern und freuen sich, wenn ihre Gäste ebenso verfahren.

Auf den Fidschi-Inseln wird man Sie mit einer Tasse »Kawa« begrüßen. »Kawa« ist ein Bier, das aus der Wurzel einer südost-asiatisch-australischen Pfefferart gewonnen wird. Wenn Sie die »Kawa« ablehnen, wird das als Beleidigung aufgefaßt. Auch auf Samoa wird man Ihnen »Kawa« servieren. Um den Gastgebern Ihren besonderen Respekt zu erweisen, machen Sie am besten die Kawa-Zeremonie mit. Halten Sie die Tasse etwas von sich entfernt und verschütten Sie ein paar Tropfen, bevor Sie den ersten Schluck nehmen.

MITTEL- UND SÜDAMERIKA

Viele Südamerikaner neigen dazu, bei Gesprächen ihrem Gegenüber buchstäblich auf den Leib zu rücken. Wenn Sie in diesem Teil der Welt Freunde gewinnen oder Geschäfte tätigen wollen, lernen Sie, die Nähe Ihres Gastgebers zu akzeptieren.

TERMINE/PÜNKTLICHKEIT

In überfüllten Großstädten wie Mexiko City zum Beispiel ist eine halbstündige Verspätung normal. Vereinbaren Sie trotzdem immer Termine und versuchen Sie, pünktlich zu sein. Wundern Sie sich aber nicht, wenn alle anderen zu spät kommen, auch wenn es dafür keinen für Sie einsichtigen Grund, wie zum Beispiel ein Verkehrschaos (das ist dort normal), zu geben scheint. Chilenen sind unter den Südamerikanern vielleicht die einzigen, die wirklich Wert auf Pünktlichkeit legen.

Beginnen Sie Verhandlungen erst dann, wenn Ihnen der Gastgeber seine Bereitschaft signalisiert. Nur in Venezuela, wo der Businessman immer in Zeitnot, immer im Streß ist, können Sie sehr direkt und sachlich vorgehen.

In Ländern mit extremer Höhenlage (Ecuador zum Beispiel, Hauptstadt Quito 2650 m ü.M., Kolumbien, Hauptstadt Bogotá 2645 m, Mexico City 2240 m) sollten Sie einen zusätzlichen Tag zur Anpassung einplanen. Die ungewohnte Höhe kann Ihre Unternehmungslust sehr stark beeinträchtigen.

Eine Einladung zum Abendessen um 21 Uhr in Mexico City kann durchaus »Mitternacht« heißen, vor allem in den Kreisen der »Oberen Zehntausend«. In Peru werden die meisten Einladungen zum Abendessen für 21 Uhr oder später ausgesprochen. Es ist dann immer noch korrekt, erst eine halbe Stunde nach der vereinbarten Zeit zu erscheinen. Nur zum Stierkampf, das gilt für Peru und auch für Kolumbien, ist absolute Pünktlichkeit oberstes Gebot.

NAMEN/BEGRÜSSUNGEN

Händeschütteln ist fast überall in Mittel- und Südamerika bei der Begrüßung und beim Abschied üblich. Männer, die miteinander befreundet sind, umarmen sich (»abrazo«) auch in der Öffentlichkeit. Frauen schütteln sich die Hände und küssen sich auf die Wange in Argentinien, Brasilien, in Chile, Costa Rica und Ecuador, in Guatemala, Honduras, Mexiko, Nicaragua, Panama, Paraguay, Peru und in Venezuela. In Bolivien, El Salvador und Uruguay begrüßt man sich oft nur mit einem Grußwort oder einem Kopfnicken. In Paraguay wird bei der ersten Begegnung häufig das Grußwort »mucho gusto« benutzt.

SCHENKEN

Es ist allgemein Sitte, Geschenke mitzubringen. Wenn Sie in ein Privathaus eingeladen werden, sollten Sie nie mit leeren Händen erscheinen. Großzügigkeit beim Schenken gehört zur südamerikanischen Lebensart. Es gibt dafür Grundregeln:

■ Es ist unerheblich, in welcher Beziehung Sie zum Empfänger stehen; bei der Geschenkauswahl sollten Sie seinem Geschmack und seinen Bedürfnissen Rechnung tragen und nicht dem Preisschild.
■ Fragen Sie vorher an, ob Sie etwas aus Deutschland mitbringen können. Vorsicht: Wenn Sie ungefragt irgend etwas mitbringen, könnte das so mißverstanden werden: daß »Made in Germany« besser sei als heimische Waren.
■ In Lateinamerika können Sie einer Dame Parfüm schenken, ohne daß das zu persönlich aufgefaßt wird.
■ Vermeiden Sie 13 Stück von ... (bedeutet Unglück), etwas Schwarzes oder Purpurnes (erinnert an die triste Osterfastenzeit), Messer (bedeuten »Abschneiden« einer Beziehung) und Taschentücher (bedeuten »Tränen«).
■ Frauen müssen beim Beschenken männlicher Bekannter (oder Kunden) besonders vorsichtig sein. Selbst ein harmloses Geschenk, ein Briefbeschwerer beispielsweise, kann als »Antrag« aufgefaßt werden.
■ Bewundern Sie nicht zu enthusiastisch Gegenstände im Besitz eines Einheimischen. Es ist durchaus möglich, daß er darauf besteht, sie Ihnen auf der Stelle zu schenken. Eine Zurückweisung wäre dann beleidigend. So war ein Besucher einmal gezwungen, eine Münzsammlung anzunehmen – das Lebenswerk seines Gastgebers.
■ Blumen schickt man am besten schon vorher ins Haus. In Venezuela erfreuen Sie eine Dame am meisten mit einer Orchidee, dem Symbol Venezuelas. In Mexiko bedeuten gelbe Blumen Tod, rote belegen den Empfänger mit einem Fluch und weiße heben ihn wieder auf.
■ In Bolivien werden Geschenke erst ausgepackt, wenn die Gäste gegangen sind. Ist der Anlaß einer Bewirtung ein geschäftlicher, nehmen Ehefrauen nicht daran teil.

GASTFREUNDSCHAFT

Südamerikaner sind im allgemeinen herzliche und aufgeschlossene Menschen, die es lieben, Gäste zu bewirten. Die meisten Einladun-

Auch wenn Sie erklärter Tier-
schützer sind – lassen sie sich in
Südamerika nicht zu Kritik
am Stierkampf hinreißen.

gen werden ausgesprochen zu einem Essen im Hotel oder im Restaurant. Bewirtet man Sie jedoch privat, dann ist es höflich, der Gastgeberin am nächsten Tag einen kurzen schriftlichen Dank überbringen zu lassen. Nicht kurz, sondern ausgiebig sollte der Dank an die Gastgeber in Ecuador und El Salvador ausfallen.

In Paraguay begrüßt der Gast den Gastgeber normalerweise mit einer kurzen förmlichen Ansprache und bittet um Erlaubnis, eintreten zu dürfen.

Unterhaltung

Überall liefern südamerikanische Folklore, historische Ereignisse oder berühmte Persönlichkeiten der Geschichte guten Gesprächsstoff. In Argentinien, Brasilien und Chile hört man besonders gerne Komplimente über die Kinder, das Essen und das Haus. Fußball ist in Argentinien, Brasilien, Kolumbien, Paraguay und Uruguay Thema Nummer eins.

Themen, die Sie vermeiden sollten, sind: Politik und Religion in Argentinien, Bolivien, Chile, Ecuador, Mexiko, Panama, Paraguay und Uruguay. Warten Sie in El Salvador und Nicaragua ab, wie sich Ihre Gastgeber zu den Konflikten dort äußern.

Brasilianische Männer lieben gute Witze und lachen gerne. Erwähnen Sie ihnen gegenüber aber Argentinien lieber nicht.

Lassen Sie sich in Kolumbien und Peru nicht zu kritischen Bemerkungen über Stierkämpfe hinreißen.

Die Peruaner sind sehr stolz auf ihre Abstammung von den Inkas und den spanischen Conquistadores. Wenn Sie die Geschichte des Landes interessiert – fragen Sie. Es schmeichelt den Gastgebern.

In Bolivien erwartet man von Gästen, daß sie alles aufessen, was auf ihrem Teller ist. Lassen Sie sich also besser von jeder Speise nur eine kleine Portion servieren.

BESONDERHEITEN

In Mexiko sollten Sie nur abgekochtes Wasser trinken. Und: Vorsicht vor Salaten! »Montezumas Rache« (eine Durchfallerkrankung) trifft viele Mexiko-Besucher.

In Bolivien, Guatemala, Mexiko und Nicaragua schätzt man es, wenn Sie versuchen, Ihre Spanischkenntnisse anzuwenden. In Brasilien wird portugiesisch gesprochen!

Kleiden Sie sich, auch bei ungewohnt heißen Temperaturen, in ganz Mittel- und Südamerika sehr korrekt, d. h. formell, wenn Sie geschäftlich unterwegs sind.

In Panama kann es leicht passieren, daß man Fremde für arrogant hält, die sich nicht unter die Einheimischen mischen.

DIE KARIBIK

Englisch ist die Sprache, die in der Karibik am weitesten verbreitet ist. Auf einigen Inseln herrschen Spanisch (Puerto Rico, Kuba), Französisch (Haiti, Martinique, Guadeloupe) und Niederländisch (auf einigen der Kleinen Antillen) vor.

TERMINE/PÜNKTLICHKEIT

Pünktlichkeit hat keinen hohen Stellenwert. Auf Haiti wird zweimal täglich um 8 Uhr und um 16 Uhr ein Signalhorn geblasen und eine Flagge gehißt. Von Besuchern wird für die Dauer der Zeremonie respektvolles Verhalten erwartet. Und wer im Auto unterwegs ist, muß anhalten und aussteigen.

SCHENKEN/GASTFREUNDSCHAFT

In Puerto Rico umarmen sich enge Freunde, Frauen fassen sich bei den Schultern und küssen sich auf die Wange. Die Leute führen Gespräche fast Nase an Nase.

Fremde können sich in Puerto Rico beliebt machen, wenn sie versuchen, ein wenig Spanisch zu sprechen – obwohl fast alle Puerto Ricaner sehr gut Englisch sprechen.

In Haiti sollten Sie bei einem zweiten Besuch auf jeden Fall ein Geschenk mitbringen. Es kann von geringem Wert sein, alles aus dem Ausland ist begehrt.

Kleidervorschriften sind dem Klima angepaßt. Auch bei geschäftlichen Zusammenkünften wird Freizeitkleidung akzeptiert.

UNTERHALTUNG

Unverfänglich ist es, über das Wirtschaftswachstum und den Fremdenverkehr zu reden. Religion und die Landespolitik sollten dagegen ausgeklammert werden. In Puerto Rico ist das Verhältnis zu den USA ein heißes Eisen (Puerto Rico ist autonom, seine Bewohner sind gleichwohl Bürger der USA, allerdings ohne Stimmrecht bei US-Wahlen). Puerto Ricaner mögen keine offene Kritik und keinen Streß.

DIE VEREINIGTEN STAATEN VON AMERIKA

TERMINE/PÜNKTLICHKEIT

Geschäftstermine beginnen im allgemeinen auf die Minute pünktlich. In Städten wie New York, Houston oder Los Angeles, die an chaotischem Verkehr leiden, reagiert man jedoch auf eine 15minütige Verspätung selten mit einem Stirnrunzeln.

Bei gesellschaftlichen Anlässen bedeutet »Cocktail um 19 Uhr« eher »halb acht«, aber »Abendessen um 20 Uhr« heißt ohne Rücksicht auf den Verkehr »20 Uhr«.

Verabredungen zum Lunch sind eher die Regel als die Ausnahme. Sie werden meistens für 12.30 Uhr getroffen und dauern bis gegen

14 Uhr. Da die Arbeit sofort danach fortgesetzt wird, besteht das Lunch selten aus einem mehrgängigen Menü.

Hauptmahlzeit ist das Abendessen – so zwischen 19 und 21 Uhr. Wenn eine Cocktail-Party vorausgeht, beginnt das Essen allerdings kaum vor 22 Uhr, selten jedoch später.

Seien Sie nicht überrascht, wenn Sie Einladungen zum Frühstück erhalten oder, besonders an Wochenenden, zum »Brunch«, einer sehr beliebten Kombination von »breakfast« und »lunch«. Brunch beginnt gegen 11 Uhr (und kann in Restaurants bis etwa 16 Uhr bestellt werden).

Namen/Begrüssungen

Männer untereinander schütteln sich häufiger die Hände als Frauen. Meistens drücken sie zusätzlich noch mit der linken Hand den rechten Unterarm ihres Gegenübers.

Versuchen Sie sich daran zu gewöhnen, daß Sie sofort mit Vornamen angeredet werden und man von Ihnen das gleiche erwartet. Das englische »you« entspricht übrigens sprachhistorisch unserem deutschen »Sie«.

Die Frage »What do you do?« (Was machen Sie beruflich?), die in Großbritannien als plumpe Vertraulichkeit aufgefaßt wird, gehört in den USA zu den Standardformeln der Gesprächseröffnung.

Schenken

Nach einer privaten Einladung erwartet man von Ihnen im allgemeinen einen kurzen schriftlichen Dank an die Gastgeberin.

Geschenke werden im allgemeinen nicht erwartet.

Persönliche Geschenke sollten nur in Gegenwart anderer überreicht werden und wenn allgemein bekannt ist, daß Sie und der Empfänger gute alte Freunde sind. Seien Sie nicht gekränkt, wenn sich ein Amerikaner nicht sofort für ein Geschenk bedankt. Sein Dank erreicht Sie vielleicht erst, wenn Sie längst wieder zu Hause sind oder wenn Sie ihn das nächste Mal besuchen. In den USA gibt es keinen zeitlichen Rahmen für die Erwiderung von Freundschaftsbeweisen.

GASTFREUNDSCHAFT

»Blauer Dunst« ist heute im Land der Fünf-Cent-Zigarre eine heikle Sache. Die öffentliche Diskussion um das Rauchen hat fast zur Kriminalisierung der Raucher geführt, hat sie jedenfalls zu Außenseitern gemacht. Fragen Sie deshalb immer, ob Ihr »blauer Dunst« jemanden stören könnte. Ein toleranter Gastgeber wird Ihnen kaum das Rauchen verbieten. Restaurants dagegen isolieren die Raucher immer mehr und weisen ihnen die schlechteren Plätze zu. Einige Bundesstaaten (zum Beispiel New York) haben in jüngster Zeit die »Freiheit« der Raucher empfindlich eingeschränkt.

US-GESTEN

Die meisten typischen Gesten der Amerikaner unterscheiden sich nicht von denen, die Sie kennen. Zwei Ausnahmen sind vielleicht das »Okay«-Zeichen und das »V« für »Victory« (siehe : Gesten-Lexikon).

In Europa weniger bekannte US-Gesten sind folgende:

■ Wenn Sie jemandem signalisieren wollen, daß er am Telefon verlangt wird, halten Sie einen imaginären Telefonhörer an Ihr Ohr.
■ Wenn Sie jemandem Glück wünschen wollen, kreuzen Sie den Mittelfinger über den Zeigefinger.
■ »Auf Wiedersehen« winken Sie, indem Sie die ganze Hand von einer Seite zur anderen bewegen (nicht wie bei uns die Finger auf und ab schütteln).

Typisch amerikanisch – und einfach nicht auszurotten – ist der kräftige Schlag auf den Rücken.

Es mag für Sie ein kleiner Trost sein, daß viele Amerikaner den kumpelhaften Schulterschlag genauso wenig mögen wie Sie. Die beste

Auch wenn's weh tut – der kräftige Schlag auf den Rükken ist bei US-Amerikanern ein Zeichen der Wertschätzung.

Reaktion darauf ist ein leichtes, aber unmißverständliches Zurückschrecken.

TRINKGELD

In einigen Restaurants arbeitet die Bedienung auf Trinkgeldbasis – sie erhält keinen Lohn vom Geschäftsinhaber. In der Verzehrrechnung ist der Bedienungszuschlag nicht enthalten. Es ist allgemein üblich, mindestens zehn Prozent des Rechnungsbetrages als Bedienungs- und Trinkgeld zu geben.

In amerikanischen Restaurants zahlen Sie nur die erste Tasse Kaffee, alle folgenden werden nicht extra berechnet.

Und noch eine Besonderheit: Auch in einfachen Restaurants ist es üblich zu warten, bis man vom Personal an einen Platz geführt wird. Achten Sie auf das Hinweisschild »Please wait here to be seated«.

NORDAMERIKA

Kanada ist sowohl europäisch (Großbritannien, Frankreich) als auch US-amerikanisch beeinflußt. Ein Teil der Bevölkerung, hauptsächlich im Osten des Landes, spricht Französisch als Muttersprache. Die Kanadier sind etwas konservativer als die US-Amerikaner.

GASTFREUNDSCHAFT/SCHENKEN

Bewirtungen aus geschäftlichem Anlaß erfolgen meist in Restaurants oder Clubs. Bei Einladungen in ein Privathaus ist es höflich, der Gastgeberin Blumen mitzubringen oder vorher schon Blumen zu schicken. Bitte keine weiße Lilien. Sie werden – wie bei uns – mit Beerdigungen in Verbindung gebracht.

UND DIES NOCH...

Eine Geste gibt es überall auf der Welt. In jedem Land, in jedem Kulturkreis. Sie ist ein Weg, sich mitzuteilen; sie ist ein Signal; es braucht keine Worte und wird doch von jedem verstanden:

ES IST ... EIN LÄCHELN

Es hilft Ihnen immer, im geschäftlichen und im privaten Leben. Es ist ein universelles Signal. Mit Lächeln gewinnt man Freunde. Lächeln hilft weiter.

Unter all den vielen »Tun Sie das« und »Lassen Sie dies« im internationalen Reiseverkehr ist Lächeln das größte »Tun Sie's«. Und tun Sie's immer wieder. Es wird Ihnen helfen, die schwierigsten Situationen zu meistern. Und es wird Ihre Reise so angenehm und Ihre Begegnungen unterwegs so schön verlaufen lassen, wie Sie es sich wünschen.

DER HERAUSGEBER

Anhang:

Wichtige Adressen

DIPLOMATISCHE VERTRETUNGEN DER BUNDESREPUBLIK DEUTSCHLAND

ÄGYPTEN, Embassy of the Federal Republic of Germany, Kairo-Zamalek, 8 B, Sharia Hassan Sabri, T (00202) 3403687, 3406017, 3410015, 3418153, F 92023

ÄQUATORIALGUINEA s. Botschaft in Kamerun

ÄTHIOPIEN, Embassy of the Federal Republic of Germany, Addis Abeba, Khabana, P.O.B. 660, T (002511) 120433, 120453, 120668, 120709, 120817, F 21015

AFGHANISTAN, Embassy of the Federal Republic of Germany, Kabul, Wazir Akbar Khan Mena, P.O.B. 83, T 22432, F 225

ALGERIEN, Ambassade de la République Fédérale d'Allemagne, Algier, 165, chemin Sfindja, B.P 664, T (00213) 634827, 634845, F 52863

AMERIKANISCHE JUNGFERNINSELN s. Vereinigte Staaten von Amerika

ANGOLA, Embaixada da República Federal da Alemanha, Luanda, Avenida 4 de Fevreiro, 120, Caixa Postal 1295, T 34773, 34516, F 3372

ARGENTINIEN, Embajada de la República Federal de Alemania, 1426 Buenos Aires, Villanueva 1055, 1000 Buenos Aires, Casilla de Correro 2979, T (00541) 7715054, 7716071, F 21668

AUSTRALIEN, Embassy of the Federal Republic of Germany, Yarralumla (A.C.T) 2600, 119 Empire Circuit, T (006162) 733177, F 62035

BAHAMAS s. Botschaft Jamaika

BAHRAININSELN s. Botschaft Kuwait

BANGLADESH, Embassy of the Federal Republic of Germany, Dacca, 12, Gulshan Avenue 178, Dacca 2, P.O.B. 108, T (008802) 600166, 603291, 603622, 600315, F 642331

BARBADOS s. Botschaft Trinidad und Tobago

BELGIEN, Ambassade de la République Fédérale d'Allemagne, 1150 Brüssel, 190, av. de Tervueren, T (00322) 7705830, 7705836, 7709996, F 21382

BELIZE s. Botschaft Jamaika

BENIN, Ambassade de la République Fédérale d'Allemagne, Cotonou, 7 Route Inter-Etats, B.P. 504, T 312967, F 5224

BHUTAN s. Botschaft Indien

BIRMA, Embassy of the Federal Republic of Germany, Rangoon, 32, Nat. Mauk Street, P.O.B. 12, General Post Office, T 50477, 50603, F 21401

BOLIVIEN, Embajada de la República Federal de Alemania, La Paz, Avenida Arce 2395, Casilla 5265, T (005912) 351980, 352072, 352389, F 3303

BOTSUANA, Embassy of the Federal Republic of Germany, Gaborone, Igi House, The Mall, P.O.B. 315, T (0026731) 53143, 53806, F 2225

BRASILIEN, Embaixada da República Federal da Alemanha, 70415 Brasilia, Avenida das Nacões, lote 25, 70359 Brasilia, Caixa Postal 07-0752, T (005561) 2437466, 2437401, 2437234, F 611183

BRUNEI DARUSSALAM, Embassy of the Federal Republic of Germany, Bandar Sri Begawan, Lot No. 49-50 Jalan Sultan, P.O.B. 3050, T 25547, 25574, F 2742

BULGARIEN, Botschaft der Bundesrepublik Deutschland, Sofia, Ulica Henri Barbusse 7, PF 869, T (003592) 720382, 722127, 720308, F 22590

BURKINA FASO, Ambassade de la République Fédérale d'Allemagne, Quagadougou, B.P. 600, T (00226) 336094, F 5217

BURUNDI, Ambassade de la République Fédérale d'Allemagne, Bujumbura, 22, Rue du 18 Septembre, B.P. 480, T 26412, F 5068

CHILE, Embajada de la República Federal de Alemania, Santiago de Chile, Augustinas 785, Casilla 9949, T (00562) 335031, F 240583

CHINA, Embassy of the Federal Republic of Germany, Beijing, 5, Dongzhimenwai Street, Chaoyan District, T 522161, F 22259

COOK INSELN s. Botschaft Neuseeland

COSTA RICA, Embajada de la República Federal de Alemania, San José, 2 cuadras al Norte de la Embajada de España y 50 m al Oeste, Apartado 4017, T (00506) 325533, 325450, F 2183

DÄNEMARK, Den tyske ambassade, Forbundsrepublikken Tyskland, 2100 Kopenhagen-Ø, Stockholmsgade 57, T (00451) 261622, F 27166

DOMINICA s. Botschaft Trinidad und Tobago

DOMINIKANISCHE REPUBLIK, Embajada de la República Federal de Alemania, Santo Domingo, Calle Lic. Juan Thomás Mejia y Cotes No. 37, Apartado 1235, T (001809) 5658811, F 3264125

DSCHIBUTI s. Botschaft Jemen (Arabische Republik)

ECUADOR, Embajada de la República Federal de Alemania, Quito, Edificio ETECO, 5 ° piso, Avenida Patria y 9 de Octubre, Casilla 537, T (005932) 232660, 233387, 528616, F 2222

ELFENBEINKÜSTE, Ambassade de la République Fédérale d'Allemagne, Abidjan, Blvd. Botreau Roussel-Ave. Nogues, B.P. 1900, T (00225) 324727, F 23642

FIDSCHI-INSELN s. Botschaft Neuseeland

FINNLAND, Botschaft der Bundesrepublik Deutschland, 00100 Helsinki 10, Frederikinkatu 61, P.O.B. 239, T (003580) 6943355, F 124568

FRANKREICH, Ambassade de la République Fédérale d'Allemagne, 75008 Paris, 13–15 av. Franklin D. Roosevelt, T (00331) 3593351, 42561790, F 280136

FRANZÖSISCH-GUAYANA s. Botschaft Frankreich

GABUN, Ambassade de la République Fédérale d'Allemagne, Libreville, av. Alfred Marche, B.P. 299, T (00241) 760188, F 5248

GAMBIA s. Botschaft Senegal

GHANA, Embassy of the Federal Republic of Germany, Accra, No. 4, 7th Avenue Extension, North Ridge, P.O.B. 1757, T (00233) 21311, F 2025

GRENADA s.Botschaft Trinidad und Tobago

GRIECHENLAND, Ambassade de la République Fédérale d'Allemagne, Athen, Odos Karaoli kai Dimitriou 3, 10210 Athen, P.O.B. 3071, T (00301) 36941, F 215441

GROSSBRITANNIEN, Embassy of the Federal Republic of Germany, London SW IX 8 PZ, 23, Belgrave Square, T (00441) 2355033, F 28191

GUADELOUPE s.Botschaft Frankreich

GUATEMALA, Embajada de la República Federal de Alemania, Ciudad de Guatemala, 6 Avenida 20–25, Edifico Plaza Martima, 2 ° nivel, Zona 10, Apartado Postal 87a, T (005022) 370028, F 5209
GUAYANA s. Botschaft Trinidad und Tobago
GUINEA, Ambassade de la République Fédérale d'Allemagne, Conakry, B.P. 540, T 441506, F 779
GUINEA-BISSAU, s. Botschaft Senegal

HAITI, Ambassade de la République Fédérale d'Allemagne, Port-au- Prince, Cité de-l'Exposition, av. Marie-Jeanne, B.P. 1147, T (005091) 20634, F 2030072
HONDURAS, Embajada de la República Federal de Alemania, Tegucigalpa, Edificio Paysen, Boulevard Morazán, Apartado Postal No. C 38, T (00504) 323161, F 1118
HONGKONG, Consulate Generale of the Federal Republic of Germany, Hongkong, United Centre, 21st floor, 95 Queensway-Central, G.P.O. Box 250, T (008525) 298855, F 73288

INDIEN, Embassy of the Federal Republic of Germany, New Delhi 110021, 6, Shantipath Chanakyapuri, New Delhi 110001, P.O.B. 613, T (009111) 604861, F 3165670
INDONESIEN, Embassy of the Federal Republic of Germany, Jakarta, Jalan M.H. Thamrin Nr. 1, T (006221) 323908, 324292, 324357, F 44333
IRAK, Embassy of the Federal Republic of Germany, Bagdad, House Nr. 40, Mahála 929, Zuqaq 2, Hay Babil, P.O.B. 2036, T (009641) 7192037, F 212262
IRAN, Embassy of the Federal Republic of Germany, Teheran, Avenue Ferdowski, P.O.B. 11365, T (009821) 314111, 303328, 393767, F 212488
IRLAND, Embassy of the Federal Republic of Germany, Dublin 31, Trimleston Avenue, Blooterstown, Blackrock/Co., T (003531) 693011, 693123, 693772, F 25311
ISLAND, Embassy of the Federal Republic of Germany, 101 Reykjavik, Túngata 18, 121 Reykjavic, P.O.B. 400, T (003541) 19535, F 2002
ISRAEL, Embassy of the Federal Republic of Germany, Tel Aviv, Soutine Str. 16, P.O.B. 16038, T (009723) 243111, F 33621
ITALIEN, Ambasciata della Repubblica Federale di Germania, 00198 Rom, Via Po 25c, T (00396) 860341, F 610179

JAMAIKA, Embassy of the Federal Republic of Germany, Kingston 10, 10, Waterloo Road, P.O.B. 444, T (001809) 9265665, 9266728, F 2146

JAPAN, Embassy of the Federal Republic of Germany,Tokio 106, 5–10, 4-chome Minami Azabu, Minato-ku, Tokio 100-91, CPO Box 955, T (00813) 4730151, F 22292

JEMEN (Arabische Republik), Embassy of the Federal Republic of Germany, Sanaa, Republican Palace Street 15, P.O.B. 2562, T (009672) 72818, 72901, 72398, F 2245

JEMEN (Demokratische Volksrepublik), Embassy of the Federal Republic of Germany, Aden, Abyan Beach Road, 49, Khormasakar, P.O.B. 6100, T 42162, F 2287

JORDANIEN, Embassy of the Federal Republic of Germany, Amman Al-Afghani-Street, P.O.B. 183, T (009626) 41351, 644990, F 21235

JUGOSLAWIEN, Ambassada Savezhe Republika Nemacke, 11000 Belgrad, Ulica Kneza Milośa 74, 11001 Belgrad, PF 304, T (003811) 645755, F 11107

KAMERUN, Ambassade de la République Fédérale d'Allemagne, Jaunde, Rue Charles de Gaulle, B.P. 1160, T (00237) 230056, 220566, F 8238

KANADA, Embassy of the Federal Republic of Germany, Ottawa (Ont.), 1 Waverley St., Ottawa (Ont.) KIN 8V4, P.O.B. 379, Postal Station A, T (001613) 2321101, F 534226

KAP VERDE s. Botschaft Senegal

KATAR, Embassy of the Federal Republic of Germany, Doha, C-Ring Road, opposite Gulf Cinema, P.O. Box 3064, T (00974) 671100, F 4528

KENIA, Embassy of the Federal Republic of Germany, Nairobi, Harambee Avenue, Embassy House, P.O.B. 30180, T (002542) 26661, 27069, F 22221

KIRIBATI s. Botschaft Neuseeland

KOLUMBIEN, Embajada de la República Federal de Alemania, Bogotá, Carrera 4 No. 72–35, Piso 6, Edificio Sisky, Apartado Aéreo 91808, T (0057) 2120511, F 44765

KOMOREN s. Botschaft Madagaskar

KONGO, Ambassade de la République Fédérale d'Allemagne, Brazzaville, Place de la Mairie, B.P. 2022, T 812990, 811127, F 5235

KOREA, Embassy of the Federal Republic of Germany, Seoul 100,

4th Floor, Daehan Fire + Marine Insurance-Building, 51-1 Namchang-Dong, CPO Box 1289, T (00822) 7793271, F 23620

Kuba, Embajada de la República Federal de Alemania, Havanna, Calle 28 No. 313, entre 3ra y 5ta, Avenida Miramar, Apartado 6610, T (00537) 222560, 222569, F 511433

Kuwait, Embassy of the Federal Republic of Germany, Kuwait, Shamiya Al-Maamoun Str., P.O. Box 805 Safat, T (00965) 814182, 814055, 814113, F 22097

Laos, Ambassade de la République Fédérale d'Allemagne, Vientiane, Rue Pandit Nehru, P.B. 314, T 2024, F 4309

Lesotho, Embassy of the Federal Republic of Germany, Maseru, 100, 10th Floor, Lesotho Bank Centre, Kingsway, P.O. Box MS 1641, T (002661) 312750, F 4379

Libanon, Ambassade de la République Fédérale d'Allemagne, Beirut, Rue Mansour Jourdak, Immeruble Daouk, Manara, B.P. 2820, T 802022, F 20785

Liberia, Embassy of the Federal Republic of Germany, Monrovia, Oldest-Congotown, P.O. Box 34, T (00231) 261460, 261516, F 44230

Libyen, Embassy of the Federal Republic of Germany, Tripolis, Sharia Hassan el Mashai, P.O.B. 302, T (0021821) 30554, 33827, 48552, F 20298

St. Lucia s. Botschaft Trinidad u. Tobago

Luxemburg, Ambassade de la République Fédérale d'Allemagne, Luxemburg, 20–22, av. Emile Reuter, D-5500 Trier, PF 1343, T (00352) 26791, F 3413

Madagaskar, Ambassade de la République Fédérale d'Allemagne, Antananarivo, 101, Rue du Pasteur Raboeny Hans, B.P. 516, T (002612) 23802, 21691, F 22203

Malawi, Embassy of the Federal Republic of Germany, Lilongwe 3, P.O. Box 30046, T (00265) 731266, F 4124

Malaysia, Embassy of the Federal Republic of Germany, 55000 Kuala Lumpur, No 3 Jalan U Thant, 50700 Kuala Lumpur, P.O.B. 10023, T (00603) 429666, 2429825, 2429559, F 30380

Malediven s. Botschaft Sri Lanka

Mali, Ambassade de la République Fédérale d'Allemagne, Bamako, Badalabougou Zone Est, Lotissement A 6, B.P. 100, T 223299, 223715, F 529

MALTA, Embassy of the Federal Republic of Germany, Sliema, II-Piazetta, Tower Road, Valletta, P.O.B. 48, T (00356) 36531, 36520, F 1224

MAROKKO, Ambassade de la République Fédérale d'Allemagne, Rabat, 7, Zankat Madnine, P.B. 235, T (002127) 69662, 69697, 69685, 68375, 68415, F 31026

MARTINIQUE s. Botschaft Frankreich

MAURETANIEN, Ambassade de la République Fédérale d'Allemagne, Nouakchott, B.P. 372, T 51722, 51729, 51032, F 555

MAURITIUS s. Botschaft Madagaskar

MEXIKO, Embajada de la Republica Federal de Alemania, 11560 Mexiko, Calle Lord Byron 737, Col. Polanco Chapultepec, 0600 Mexiko, Apartado Postal M-10792, T (00525) 5456655, F 1773089

MONGOLEI s. Botschaft Sowjetunion

MOSAMBIK, Embaixada da Republica Federal da Alemanha, Maputo, Rúa de Mapulangwene, 506 Caixa Postal 1595, T 742714, 742996, F 6489

NAURU s. Botschaft Australien

NEPAL, Embassy of the Federal Republic of Germany, Kathmandu, Kingsway, P.O.B. 226, T 211730, 211763, 212902, F 2213

NEUSEELAND, Embassy of the Federal Republic of Germany, Wellington, 90–92 Hobson Street, P.O.B. 1687, T (00644) 736063, F 30131

NICARAGUA, Embajada de la República Federal de Alemania, Managua, Bolonia, de la Plaza España, 2 cuadras al Norte, Apartado Postal 29, T (005052) 25026, 25492, F 1070

NIEDERLANDE, Ambassade van de Bondsrepubliek Duitsland, 2517 EG Den Haag, Groot Hertoginnelaan 18, T (003170) 469206, F 31012

NIGER, Ambassade de la République Fédérale d'Allemagne, Niamey, av. du Général de Gaulle, B.P. 629, T 722534, 723510, F 5223

NIGERIA, Embassy of the Federal Republic of Germany, Lagos, 15, Eleke Crescent, Victoria Island, P.O.B. 728, T (002341) 611011, 611173, F 21229

NIUE s.Botschaft Neuseeland

NORWEGEN, Den Tyske Ambassade, 0258 Oslo 2, Oscargate 45, T (00472) 447622, 449386, F 71173

ÖSTERREICH, Botschaft der Bundesrepublik Deutschland, 1030 Wien 3, Metternichgasse 3, 1037 Wien, PF 160, T (0043222) 736510, F 134261

OMAN, Embassy of the Federal Republic of Germany, Maskat-Ruwi, P.O.B. 3128, T (00968) 702164, 702482, F 3440

PAKISTAN, Embassy of the Federal Republic of Germany, Islamabad, Ramma 5, Diplomatic Enclave, P.O.B. 1027, T (009251) 822151, F 5871

PANAMA, Embajada de la República Federal de Alemania, Panama 5, Via Argentina No 8, Edificio Altamira, 11 ° piso, El Cangrejo, Apartado 4228, T 230202, F 2979

PAPUA-NEUGINEA, Embassy of the Federal Republic of Germany, Port Moresby, 2nd Floor Pacific View Apartments, Pruth Street, 3 Mile Hill, P.O. Box 73, T (00675) 252971, F 23037

PARAGUAY, Embajada de la República Federal de Alemania, Asunción, José Berges 1003–1007, Casilla de Correo 471, T (0059521) 24006, 26480, F 129

PERU, Embajada de la República Federal de Alemania, Lima 18, Avenida Arequipa 4202–4210, Apartado 5109, T (005114) 457033, 459997, 455587, 457208, 419986, F 20039

PHILIPPINEN, Embassy of the Federal Republic of Germany, Metro-Manila, 8741, Paseo de Roxas, Makati, P.O.B. 7703, Pasay City, T (00632) 864900, F 22655

POLEN, Ambasada Republiki Federalnej Niemiec, 03-932 Warschau, Ul. Dabrowiecka 30, T (004822) 173011, F 813455

PORTUGAL, Embaixada da Republica Federal da Alemanha, 1100 Lissabon, Campo dos Mártires da Pátria 38, 1001 Lissabon, Apartado 1046, T (003511) 56391, 563050, F 12559

PUERTO RICO s. Vereinigte Staaten von Amerika

RÉUNION s. Botschaft Frankreich

RUANDA, Ambassade de la République Fédérale d'Allemagne, Kigali, 8, Rue de Bugarama, B.P. 355, T 5222, 5141, F 520

RUMÄNIEN, Botschaft der Bundesrepublik Deutschland, Bukarest, Strada Rabat 24, T (00400) 792580, 792680, 792780, 792645, 792745, F 11292, 11684

SALOMONEN s. Botschaft Papua-Neuguinea

EL SALVADOR, Embajada de la República Federal de Alemania, San Salvador, 3 a. Calle Poniente 3831, Colonia Escalón, Apartado Postal 693, T (00503) 236140, 236173, F 20149

SAMBIA, Embassy of the Federal Republic of Germany, Lusaka, United Nations Avenue, Stand No. 5209, P.O.B. 50120, T (002601) 217449, 217667, F 41410

SAMOA s. Botschaft Neuseeland

SÃO THOMÉ UND PRINCIPE s. Botschaft Angola

SAUDI-ARABIEN, Embassy of the Federal Republic of Germany, Riad, Oleya Main Street, Al Khalidia Building, 1. Floor, Riad 11492, P.O.B. 8974, T (009661) 4654800, F 202297

SCHWEDEN, Förbundsrepubliken Tyskland Ambassad, 11527 Stockholm, Skarpögatan 9, T (00468) 631380, F 19330

SCHWEIZ, Botschaft der Bundesrepublik Deutschland, 3006 Bern, Willadingweg 83, 3000 Bern 16, PF 27, T (004131) 440831, F 911565

SENEGAL, Ambassade de la République Fédérale d'Allemagne, Dakar, 43, av. Albert Sarraut, B.P. 2100, T (00221) 222519, 224884, F 542

SEYCHELLEN s. Botschaft Kenia

SIERRA LEONE, Embassy of the Federal Republic of Germany, Freetown, Santanno House, 10 Howe Street, P.O.B. 728, T (0023222) 22511, F 3248

SIMBABWE, Embassy of the Federal Republic of Germany, Harare, 14, Samora Machel Avenue, P.O. Box 2168, T (002630) 702368, 702278, F 4609

SINGAPUR, Embassy of the Federal Republic of Germany, Singapur 0923, 545 Orchard Road, Far East Shopping Centre, No. 14-01, Singapur 9124, P.O.B. 94, T (0065) 7371355, F 21312

SOMALIA, Embassy of the Federal Republic of Germany, Mogadischu, Via Mohamud Harbi, P.O.B. 17, T 25047, F 613

SOWJETUNION, Botschaft der Bundesrepublik Deutschland, Moskau, B. Grusinskaja Ul. 17, T (007095) 2525521, F 413411

SPANIEN, Embajada de la República Federal de Alemania, Madrid 4, Calle de Fortuny 8, T (00341) 4199100, 4199150, F 27768

SRI LANKA, Embassy of the Federal Republic of Germany, Colombo 3, 40, Alfred House Avenue, P.O.B. 658, T (00941) 580431, F 21119

SUDAN, Embassy of the Federal Republic of Germany, Khartoum, 53, Baladia Street, Block No. 8 D, Plot No. 2, P.O.B. 970, T 77995, 77990, 77622, 81673, F 22211

SÜDAFRIKA, Embassy of the Federal Republic of Germany, Pretoria 0083, 180, Blackwood Str., Arcadia, Pretoria 0001, P.O.B. 2023, T (002712) 435931, F 321386
SURINAM s. Botschaft Trinidad und Tobago
SWASILAND s. Botschaft Mosambik
SYRIEN, Ambassade de la République Fédérale d'Allemagne, Damaskus, Rue Ibrahim Hanano 53, P.B. 2237, T 716670, 741995, F 411065

TANSANIA, Embassy of the Federal Republic of Germany, Daressalam, NIC Investment House, Samora Avenue, P.O.B. 9541, T (0025551) 23286, 26417, F 41003
THAILAND, Embassy of the Federal Republic of Germany, Bangkok, 9, South Sathorn Road, P.O.B. 2595, T (00662) 2864223, F 87348
TOGO, Ambassade de la République Fédérale d'Allemagne, Lomé, Marina Route d'Aflao, B.P. 1175, T (00228) 212370, 212338, F 5204
TONGA s. Botschaft Neuseeland
TRINIDAD UND TOBAGO, Embassy of the Federal Republic of Germany, Port-of-Spain, 7-9 Marli Street, P.O.B. 828, T (001809) 6281630, F 22316
TSCHAD, Ambassade de la République Fédérale d'Allemagne, N'Djamena, Avenue Félix Eboué, B.P. 893, T 3090, 3102, F 5246
TSCHECHOSLOWAKEI, Botschaft der Bundesrepublik Deutschland, 11800 Prag I, Vlašská 19, T (00422) 532351, F 122814
TÜRKEI, Federal Almaya Büyük, Ankara, Atatürk Bulvari 114, PK 54, T (009041) 265465, F 42379
TUNESIEN, Ambassade de la République Fédérale d'Allemagne, Tunis, 18, Rue el Hamra, B.P. 35, T (002161) 280617, 281246, 281255, F 15463
TUVALU s. Botschaft Neuseeland

UGANDA, Embassy of the Federal Republic of Germany, Kampala, 9–11, Obote Avenue, Embassy House, P.O.B. 7016, T (0025641) 256767, F 61005
UNGARN, Botschaft der Bundesrepublik Deutschland, Budapest XIV, Izsó utca 5, 1440 Budapest, PF 40, T (00361) 224204, 225895, 420381, 225277, F 225951

Uruguay, Embajada de la República Federal de Alemania, Montevideo, La Cumparsita 1417/1435, Casilla de Correo 20014, T (005982) 908041, 913970, 913882, 904958, F 764

Vanuatu s. Botschaft Papua-Neuguinea

Vatikanstadt, Ambasciata Repubblica Federale di Germania, 00197 Rom, Via di Villa Sacchetti, T (00396) 879779, 879770, F über 610179

Venezuela, Embajada de la República Federal de Alemania, Caracas, Edificio Panaven, 2. Stock, Avenida San Juan Bosco, Esquina 3 a Transversal Altamira, Apartado 2078, T (00582) 2610181, 2611205, 2612229, 310144, F 23262

Vereinigte Arabische Emirate, Embassy of the Federal Republic of Germany, Abu Dhabi, Al Nahyan Street, P.O. Box 2591, T (009712) 331630, F 22202

Vereinigte Staaten von Amerika (USA), Embassy of the Federal Republic of Germany, Washington D.C. 20007, 46-45 Reservoir Road N.W., T (001202) 2984000, F 248321

Vietnam, Ambassade de la République Fédérale d'Allemagne, Hanoi, 25 Phan Boi Chau, B.P. 39, T 53663, 55402, F 4428

St. Vincent s. Botschaft Trinidad und Tobago

Zaire, Ambassade de la République Fédérale d'Allemagne, Kinshasa, 201, av. Lumpungu, Résidence Le Flambeau, B.P. 8400, T (0024312) 26933, F 21110

Zentralafrikanische Republik, Ambassade de la République Fédérale d'Allemagne, Bangui, av. du Président Gamal Abdel Nasser, B.P. 901, T 614765, 610746, F 5219

Zypern, Embassy of the Federal Republic of Germany, Nicosia, 10 Nikitaras Street, Ayii Omologhitae P.O.B. 1795, T (003572) 44362, 444037, F 2460

AUSLÄNDISCHE DIPLOMATISCHE VERTRETUNGEN IN DER BUNDESREPUBLIK DEUTSCHLAND

T-Vorwahl für Bonn (02 28)

ÄGYPTEN, Botschaft der Arabischen Republik Ägypten, 5300 Bonn 2, Kronprinzenstr. 2, T 364000, 364008, F 885719

ÄTHIOPIEN, Botschaft des Sozialistischen Äthiopiens, 5300 Bonn 1, Brentanostr. 1, T 233041, F 8869498

AFGHANISTAN, Botschaft der Demokratischen Republik Afghanistan, 5300 Bonn 1, Liebfrauenweg 1a, T 251927

ALGERIEN, Botschaft der Demokratischen Volksrepublik Algerien, 5300 Bonn 2, Rheinallee 32, T 356054, F 885723

ARGENTINIEN, Botschaft der Argentinischen Republik, 5300 Bonn 1, Adenauerallee 50, T 222011, F 886478

AUSTRALIEN, Australische Botschaft, 5300 Bonn 2, Godesberger Allee 107, T 810030, F 885466

BANGLADESCH, Botschaft der Volksrepublik Bangladesch, 5300 Bonn 2, Bonner Str. 48, T 352525, F 885640

BELGIEN, Botschaft des Königreichs Belgien, 5300 Bonn 1, Kaiser-Friedrich-Str. 7, T 212001, F 886777

BENIN, Botschaft der Volksrepublik Benin, 5300 Bonn 2, Rüdigerstr. 10, T 344031, F 885594

BIRMA, Botschaft der Sozialistischen Republik der Birmanischen Union, 5300 Bonn 1, Schumannstr. 112, T 210091, F 8869560

BOLIVIEN, Botschaft der Republik Bolivien, 5300 Bonn 2, Konstantinstr. 16, T 362038, F 885785

BRASILIEN, Botschaft der Föderativen Republik Brasilien, 5300 Bonn 2, Kennedyallee 74, T 376976, F 885471

In vielen Ländern der Dritten Welt wird die Sprache der jeweiligen ehemaligen Kolonialmacht immer noch verstanden und gesprochen.

BULGARIEN, Botschaft der Volksrepublik Bulgarien, 5300 Bonn 2, Auf der Hostert 6, T 363061, F 885739

BURKINA FASO, Botschaft von Burkina Faso, 5300 Bonn 2, Wendelstadtallee 18, T 332063, 885508

BURUNDI, Botschaft der Republik Burundi, 5307 Wachtberg, Drosselweg 2, T 345032, F 885745

CHILE, Botschaft der Republik Chile, 5300 Bonn 2, Kronprinzenstr. 20, T 363080, 363089, 364880, F 885403

CHINA, Botschaft der Volksrepublik China, 5300 Bonn 2, Kurfürstenallee 12, T 361095, F 8885655

COSTA RICA, Botschaft der Republik Costa Rica, 5300 Bonn 1, Borsigallee 2, T 252940, F 8869961

DÄNEMARK, Botschaft des Königreichs Dänemark, 5300 Bonn 1, Pfälzer Str. 14, T 729910, F 886892

DOMINIKANISCHE REPUBLIK, Botschaft der Dominikanischen Republik, 5300 Bonn 2, Burgstr. 87, T 364956

ECUADOR, Botschaft der Republik Ecuador, 5300 Bonn 2, Koblenzer Str. 37, T 35244, F 8869527

ELFENBEINKÜSTE, Botschaft der Republik Elfenbeinküste, 5300 Bonn 1, Königstr. 93, T 212098, F 886524

FINNLAND, Botschaft der Republik Finnland, 5300 Bonn 2, Friesdorfer Str. 1, T 311033, F 885626

FRANKREICH, Französische Botschaft, 5300 Bonn 2, Kapellenweg 1a

GABUN, Botschaft der Republik Gabun, 5300 Bonn 2, Kronprinzenstr. 52, T 354084, F 885520

GHANA, Botschaft der Republik Ghana, 5300 Bonn 2, Rheinallee 58, T 352011, F 885660

GRIECHENLAND, Griechische Botschaft, 5300 Bonn 2, Koblenzer Str. 103, T 355036, F 885636

GROSSBRITANNIEN, Botschaft des Vereinigten Königreiches Großbritannien und Nordirland, 5300 Bonn 1, Friedrich-Ebert-Allee 77, T 234061, F 886887

GUATEMALA, Botschaft der Republik Guatemala, 5300 Bonn 2, Ziethenstr. 16, T 351579, F 8869983

GUINEA, Botschaft der Republik Guinea, 5300 Bonn 1, Rochusweg 50, T 231097, F 886448

HAITI, Botschaft der Republik Haiti, 5300 Bonn 2, Schloßallee 10, T 340351

HONDURAS, Botschaft der Republik Honduras, 5300 Bonn 2, Ubierstr. 1, T 356394, F 889496

INDIEN, Botschaft der Republik Indien, 5300 Bonn 1, Adenauerallee 262, T 54050, F 8869301

INDONESIEN, Botschaft der Republik Indonesien, 5300 Bonn 2, Bernkasteler Str. 2, T 310091, F 886352

IRAK, Botschaft der Republik Irak, 5300 Bonn 2, Dürenstr. 33, T 82031, F 8869471

IRAN, Botschaft der Islamischen Republik Iran, 5300 Bonn 2, Godesberger Allee 133, T 810050, F 885697

IRLAND, Botschaft von Irland, 5300 Bonn 2, Godesberger Allee 119, T 376937, F 885588

ISLAND, Botschaft der Republik Island, 5300 Bonn 2, Kronprinzenstr. 6, T 364021, F 885690

ISRAEL, Botschaft des Staates Israel, 5300 Bonn 2, Simrockallee 2, T 8231, F 885490

ITALIEN, Botschaft der Italienischen Republik, 5300 Bonn 2, Karl-Finkelnburg-Str. 51, T 820060, F 885450

JAMAIKA, Botschaft von Jamaika, 5300 Bonn 2, Am Kreuter 1, T 354045, 363325, F 885493

JAPAN, Japanische Botschaft, 5300 Bonn 1, Bundeskanzlerplatz, Bonn-Center H I-701, T 5001, F 886878

JEMEN, Botschaft der Arabischen Republik Jemen, 5300 Bonn 2, Godesberger Allee 125, ADAC-Haus, T 376851, F 885765

JORDANIEN, Botschaft des Haschemitischen Königreichs Jordanien, 5300 Bonn 2, Beethovenallee 21, T 357046, 354051, F 885401

JUGOSLAWIEN, Botschaft der Sozialistischen Föderativen Republik Jugoslawien, 5300 Bonn 2, Schloßallee 5, T 344051

KAMERUN, Botschaft der Republik Kamerun, 5300 Bonn 2, Rheinallee 76, T 356037, F 885480

KANADA, Kanadische Botschaft, 5300 Bonn 1, Friedrich-Wilhelm-Str. 18, T 231061, F 886421

KATAR, Botschaft des Staates Katar, 5300 Bonn 2, Brunnenallee 6, T 351074, F 885476

KENIA, Botschaft der Republik Kenia, 5300 Bonn 2, Villichgasse 17, T 353066, F 885570

KOLUMBIEN, Botschaft der Republik Kolumbien, 5300 Bonn 1, Friedrich-Wilhelm-Str. 35, T 234542, 234565, F 886305

KONGO, Botschaft der Volksrepublik Kongo, 5300 Bonn 2, Rheinallee 45, T 357085, F 886690

KOREA, Botschaft der Republik Korea, 5300 Bonn 1, Adenauerallee 124, T 218095, F 8869508

KUBA, Botschaft der Republik Kuba, 5300 Bonn 2, Kennedyallee 22, T 3091, F 885733

KUWAIT, Botschaft des Staates Kuwait, 5300 Bonn 2, Godesberger Allee 77, T 378081, F 886525

LESOTHO, Botschaft des Königreichs Lesotho, 5300 Bonn 2, Godesberger Allee 50, T 376868, F 8869370

LIBANON, Botschaft der Libanesischen Republik, 5300 Bonn 2, Rheinallee 217, T 352075, F 8869339

LIBERIA, Botschaft der Republik Liberia, 5300 Bonn 2, Hohenzollernstr. 73, T 351810, F 886637

LIBYEN, Botschaft der Sozialistischen Libysch-Arabischen Volks-Dschamahirija, 5300 Bonn 2, Beethovenallee 12 a, T 820090, F 885738

LUXEMBURG, Botschaft des Großherzogtums Luxemburg, 5300 Bonn 1, Adenauerallee 110, T 214008, F 886557

MADAGASKAR, Botschaft der Demokratischen Republik Madagaskar, 5300 Bonn 2, Rolandstr. 48, T 331057, F 885781

MALAWI, Botschaft der Republik Malawi, 5300 Bonn 2, Mainzer Str. 124, T 343016, F 8869689

MALAYSIA, Botschaft von Malaysia, 5300 Bonn 2, Mittelstr. 43, T 376803

MALI, Botschaft der Republik Mali, 5300 Bonn 2, Basteistr. 86, T 357048, F 885680

MALTA, Botschaft der Republik Malta, 5300 Bonn 2, Viktoriastr. 1, T 363017, F 885748

MAROKKO, Botschaft des Königreichs Marokko, 5300 Bonn 2, Gotenstr. 7, T 355044, F 885428

MAURETANIEN, Botschaft der Islamischen Republik Mauretanien, 5300 Bonn 2, Bonner Str. 48, T 364024, F 885550

Mexiko, Botschaft der Vereinigten Mexikanischen Staaten, 5300 Bonn 1, Oxfordstr. 12, T 631226, F 886819

Monaco, Botschaft des Fürstentums Monaco, 5300 Bonn 1, Zitelmannstr. 16, T 232007

Nepal, Botschaft des Königreichs Nepal, 5300 Bonn 2, Im Hag 15, T 343097, F 8869297

Neuseeland, Neuseeländische Botschaft, 5300 Bonn 1, Bundeskanzlerplatz, Bonn-Center, H I-902, T 214021, F 886322

Nicaragua, Botschaft der Republik Nicaragua, 5300 Bonn 2, Konstantinstr. 41, T 362505

Niederlande, Botschaft des Königreichs der Niederlande, 5300 Bonn 1, Sträßchensweg 10, T 238091, F 886826

Niger, Botschaft der Republik Niger, 5300 Bonn 2, Dürenstraße 9, T 356057, F 885572

Nigeria, Botschaft der Bundesrepublik Nigeria, 5300 Bonn 2, Goldbergweg 13, T 322071

Norwegen, Botschaft des Königreichs Norwegen, 5300 Bonn 2, Mittelstr. 43, T 374055, F 885491

Österreich, Botschaft der Republik Österreich, 5300 Bonn 1, Johanniterstr. 2, T 230051, F 886780

Oman, Botschaft des Sultanats Oman, 5300 Bonn 2, Lindenallee 11, T 357031, F 885688

Pakistan, Botschaft der Islamischen Republik Pakistan, 5300 Bonn 2, Rheinallee 24, T 352004

Panama, Botschaft der Republik Panama, 5300 Bonn 2, Lützowstr. 1, T 361036, F 885600

Papua-Neuguinea, Botschaft von Papua-Neuguinea, 5300 Bonn 2, Gotenstr. 163, T 376855, F 886340

Paraguay, Botschaft der Republik Paraguay, 5300 Bonn 2, Plittersdorfer Str. 121, T 356727

Peru, Botschaft der Republik Peru, 5300 Bonn 1, Mozartstr. 34, T 638012, F 886325

Philippinen, Botschaft der Republik der Philippinen, 5300 Bonn 1, Argelanderstr. 1, T 213071

Polen, Botschaft der Volksrepublik Polen, 5000 Köln 51, Lindenallee 7, T (0221) 380261, F 8881040

PORTUGAL, Botschaft der Portugiesischen Republik, 5300 Bonn 2, Ubierstr. 78, T 363011, F 885577

RUANDA, Botschaft der Republik Ruanda, 5300 Bonn 2, Beethovenallee 72, T 355058, F 885604

RUMÄNIEN, Botschaft der Sozialistischen Republik Rumänien, 5300 Bonn 1, Legionsweg 14, T 670001, F 8869792

EL SALVADOR, Botschaft der Republik El Salvador, 5300 Bonn 1, Burbacher Str. 2, T 221351, F 8869692

SAMBIA, Botschaft der Republik Sambia, 5300 Bonn 2, Mittelstr. 39, T 376811, F 885511

SAUDI-ARABIEN, Botschaft des Königreichs Saudi-Arabien, 5300 Bonn 2, Godesberger Allee 40, T 379013, F 885442

SCHWEDEN, Botschaft des Königreichs Schweden, 5300 Bonn 1, Heussallee 2, Allianzplatz, Haus 1, T 260020, F 886667

SCHWEIZ, Schweizerische Botschaft, 5300 Bonn 2, Gotenstr. 156, T 810080, F 885646

SENEGAL, Botschaft der Republik Senegal, 5300 Bonn 1, Argelanderstr. 3, T 218009, F 8869644

SIMBABWE, Botschaft der Republik Simbabwe, 5300 Bonn 2, Viktoriastr. 28, T 356071, F 885580

SINGAPUR, Botschaft der Republik Singapur, 5300 Bonn 2, Südstr. 133, T 312007

SOMALIA, Botschaft der Demokratischen Republik Somalia, 5300 Bonn 2, Hohenzollernstr. 12, T 355084, F 885724

SOWJETUNION, Botschaft der Union der Sozialistischen Sowjetrepubliken, 5300 Bonn 2, Waldstr. 42, T 312086

SPANIEN, Botschaft des Königreichs Spanien, 5300 Bonn 1, Schloßstr. 4, T 217094, F 886792

SRI LANKA, Botschaft der Demokratischen Sozialistischen Republik Sri Lanka, 5300 Bonn 2, Rolandstr. 52, T 332055, F 885612

SUDAN, Botschaft der Republik Sudan, 5300 Bonn 2, Koblenzer Str. 99, T 363074, 352881, F 885478

SÜDAFRIKA, Botschaft der Republik Südafrika, 5300 Bonn 2, Auf der Hostert 3, T 82010, F 885720

SYRIEN, Botschaft der Arabischen Republik Syrien, 5300 Bonn 2, Am Kurpark 2, T 363091, F 885757

Tansania, Botschaft der Vereinigten Republik Tansania, 5300 Bonn 2, Theaterplatz 26, T 353477, 356095, F 885569

Thailand, Botschaft des Königreichs Thailand, 5300 Bonn 2, Ubierstr. 65, T 355065, 351085, F 886574

Togo, Botschaft der Republik Togo, 5300 Bonn 2, Beethovenallee 18, T 355091, F 885595

Tschad, Botschaft der Republik Tschad, 5300 Bonn 2, Basteistr. 80, T 356025

Tschechoslowakei, Botschaft der Tschechoslowakischen Sozialistischen Republik, 5300 Bonn 1, Ferdinandstr. 27, T 285081, 284765, 282580

Türkei, Botschaft der Republik Türkei, 5300 Bonn 2, Utestr. 47, T 346052, F 885521

Tunesien, Botschaft der Tunesischen Republik, 5300 Bonn 2, Godesberger Allee 103, T 376981, F 885477

Uganda, Botschaft der Republik Uganda, 5300 Bonn 2, Dürenstr. 44, T 355027, F 885578

Ungarn, Botschaft der Ungarischen Volksrepublik, 5300 Bonn 2, Turmstr. 30, T 376797, F 886501

Uruguay, Botschaft der Republik Uruguay, 5300 Bonn 2, Gotenstr. 1, T 356570, F 885708

Vatikanstadt, Apostolische Nuntiatur, 5300 Bonn 2, Turmstr. 29, T 376901, F 8869794

Venezuela, Botschaft der Republik Venezuela, 5300 Bonn 2, Godesberger Allee 119, T 376631, F 885447

Vereinigte Arabische Emirate, Botschaft der Vereinigten Arabischen Emirate, 5300 Bonn 1, Erste Fährgasse 6, T 223021, F 885741

Vereinigte Staaten von Amerika, Botschaft der Vereinigten Staaten von Amerika, 5300 Bonn 2, Deichmanns Aue 29, T 3391, F 885452

Vietnam, Botschaft der Sozialistischen Republik Vietnam, 5300 Bonn 2, Konstantinstr. 37, T 357022, F 8861122

Zaïre, Botschaft der Republik Zaïre, 5300 Bonn 2, Im Meisengarten 133, T 346071, F 885573

Zentralafrikanische Republik, Botschaft der Zentralafrikanischen Republik, 5300 Bonn 2, Dürenstr. 12, T 354077, F 8861166

ZYPERN, Botschaft der Republik Zypern, 5300 Bonn 2, Kronprinzenstr. 58, T 363336, F 885519

DDR, Ständige Vertretung der Deutschen Demokratischen Republik, 5300 Bonn 2, Godesberger Allee 18, T 379051, F 885645

DEUTSCHE AUSLANDSHANDELS-KAMMERN UND DELEGIERTE DER DEUTSCHEN WIRTSCHAFT

ÄGYPTEN, German-Arab Chamber of Commerce, Kairo, 11511 Ataba-Cairo/Ägypten, 3 Abu El Feda Street, 14th Floor, Cairo-Zamalek, T (00202) 3413662/3/4, F 93671

ARGENTINIEN, Cámara de Industria y Comercio Argentino-Alemana, 1005 Buenos Aires/Argentinien, Florida 547, Piso 19°, T (00541) 322-0173, 393-9006, 394-0098/9, Fax (00541) 118167, F 28309

AUSTRALIEN, German Australian Chamber of Industry and Commerce, Sydney N.S.W. 2001, 2nd Floor, AWA Bldg., 47 York Street, Sydney 2000, G.P.O. Box 4247, T (00612) 293998/9, F 25987

BELGIEN, Debelux-Handelskammer, D-5000 Köln 1, Cäcilienstr. 46, T (0221) 213986, 217500, F 8882453 und Chambre de Commerce Debelux, B-1210 Brüssel/Belgien, 21 Avenue du Boulevard, Manhattan Center, T (00322) 2185040, F 26097

BOLIVIEN, Cámara Boliviano-Alemana, La Paz, Avenida Villazòn 1966 5 °, Casilla 2722, T (005912) 327596, 370166, F 2298

BRASILIEN, Câmara de Comércio e Industria Brasil-Alemanha, 01411 São Paulo, Rua Padre Joao Manoel, 923, 7 ° andar, Caixa Postal 30426, T (005511) 2827555, F 1132455;
20.001 Rio de Janeiro, Av. Rio Branco, 123-S/708-711, Caixa Postal 1790, T (005521) 2242123, F 2130589;
90.001 Porto Alegre, Rua Barão de Santo Angelo, 33, Caixa Postal 2095, T (0055512) 22-5766, F 520067

CHILE, Cámara Chileno-Alemana de Comercio e Industria, A.G., Santiago de Chile, Ahumada 131, Of. 808-815, Casilla 9980, T (00562) 6964494, 6986485, F 240503

DÄNEMARK, Delegierter der Deutschen Wirtschaft, DK-1217 Kopenhagen K, Börsen, T (00451) 913335, Fax (00451) 913116

ECUADOR, Cámara de Industrias Comercio Ecuadoriano-Alemana, Quito, Calle Veintimilla y Amazonas No. 1106, Casilla 3731, T (005932) 548770, F 22727

FINNLAND, Dt.-Finnische Handelskammer, 00101 Helsinki 10, Kalevankatu 3 B, T (003580) 642855, F 124202

FRANKREICH, Offizielle Deutsch-Französische Industrie- und Handelskammer, 4000 Düsseldorf 1, Orangeriestr. 6, T (0211) 8433133, F 8582476 und Chambre Officielle Franco-Allemande de Commerce et d'Industrie, 75015 Paris, 18, Rue Balard, T (00331) 45756256, F 203738

GRIECHENLAND, Deutsch-Griechische Handelskammer, 11521 Athen, Dorileou Str. 10-12/IV, T (00301) 6444502, 6444524, 6444546, F 214102

GROSSBRITANNIEN, German Chamber of Industry and Commerce, London SW1Y 4HG, 12/13 Suffolk Street, St. James's, T (00441) 9307251, F 919442

GUATEMALA, Cámara Guatemalteco-Alemana, Guatemala, C.A., 6 a Avenida 20-25, Zona 10, Apartado Postal 1163, T (005022) 681397, 682971, F 5553

HONGKONG, German Business Association, Delegate of German Industry and Commerce, Hongkong, 701 Euro Trade Centre, 13-14 Connaught Road Central, T (008525) 265481, F 60128

INDIEN, The Indo-German Chamber of Commerce, Bombay 400005, Maker Towers, E, 1st floor, Cuffe Parade, Bombay 400020, P.O. Box 11092, T (009122) 216131, 216118, 216792, F 114254

INDONESIEN, Perkumpulan Ekonomi Indonesia-Jerman, Jakarta 10002, Wisma Metropolitan, 4.Etage, Jl. Jenderal Sudirman Kav. 29, P.O. Box 3151, T (006221) 511208, 514622, F 62342

IRAN, Official Irano-German Chamber of Industry and Commerce, Teheran, Avenue Khaled Eslamboli (Vozara), No 131, P.O. Box 14155/3478, T (009821) 621123, 628827, F 213252

IRLAND, German Irish Chamber of Industry and Commerce,

Dublin 2, 46, Fitzwilliam Square, T (003531) 789344, 789404, 762538, 762595, F 91133
ITALIEN, Camera di Commercio Italo-Germanica, 20124 Mailand, Via Napo Torriani 29, T (00392) 652651-3, F 311202

JAPAN, Zainichi Doitsu Shoko Kaigisho, Tokio 100, Akasaka To-kyu Bldg., Nagata-cho 2-14-3 Chiyoda-ku, Tokio 100-91, P.O. Box 588, T (00813) 5819881/3, Fax 5931350, F 26229

KANADA, Canadian German Chamber of Industry and Commerce, Toronto, Ont. M5G 1V2/Kanada, 480 University Ave, Suite 1410, T 001/(416) 598-3355, F 623581
KOLUMBIEN, Cámara de Industria y Comercio Colombo-Alemana, Bogotá, Calle 84, No. 9-28, Apartado Aéreo 91527/28, T (0057) 2367971, 2565182, 2565303, F 45403
KOREA, Korean German Chamber of Commerce and Industry, Se-oul 100, 45, 4-Ka, Namdaemun-ro, Chung-Ku, KCCI/Bldg. 10th floor, C.P.O. Box 4963, T (00822) 7761546/9, F 22640

LUXEMBURG s.Belgien

MALAYSIA Resident Delegate of German Industry and Trade, 50754 Kuala Lumpur/Malaysia, P.O.Box 11683, UBN Tower, 27th Floor, No. 40, 10 Jalan P. Ramlee, T (00603) 2383561/62, F 20198
MEXIKO, Cámara Mexicano-Alemana de Comercio e Industria A.C., 11700 Mexiko, Bosque de Ciruelos No 130, Col. Bosque de las Lomas, Del Miguel Hidalgo, 06000 Mexiko, Apartado Postal 86 Bis, T (00525) 596-5519, 2514022, F 1771226

NIEDERLANDE, Deutsch-Niederländische Handelskammer, D-4000 Düsseldorf 30, Freiligrathstr. 25, T (0211) 484591, F 8584980 und Nederlands-Duitse Kammer van Koophandel, 2585 EC Den Haag, Nassauplein 30, 2508 GM Den Haag, Postbus 80533, T (003170) 614251, F 32138
NIGERIA, Delegate of German Industry and Commerce, Lagos/Ni-geria, Falomo-Ikoyi, Plot P.C. 10, Off. Idowu, Tailor Street, Vic-toria Island, Lagos, P.O.B. 51311, T (002341) 619751, F 23592
NORWEGEN, Den Tyske Delegat for Handel og Industri i Norge, Oslo 2, Drammensveien 40, T (00472) 447079, F 72504

ÖSTERREICH, Deutsche Handelskammer in Österreich, 1050 Wien, Wiedner Hauptstr. 142, 1103 Wien, PF 107, T (00431) 554565/68, F 112121

PARAGUAY, Cámara de Comercio e Industria Paraguayo-Alemana, Asunciòn, J.E. O'Leary 409, esq. Estrella Edif. Parapiti, 2. Piso, Of. 201, Casilla de Correo 919, T (0059521) 46594, 90919, F 5371

PERU, Cámara Peruano-Alemania, Lima, Casilla 270069, Camino Real 348, Torre el Pilar, P. 15, Lima 27-San Isidro, T (005114) 26014, F 21617

PORTUGAL, Câmara de Comércio e Indústria Luso-Alemã, 1200 Lissabon, Av. da Liberdade, 38-2°, T (003511) 372724, F 16469

SAUDI-ARABIEN, German-Saudi Arabian Liaison Office for Economic Affairs, Riyadh 11575/Saudi Arabia , Dhabab Street, 5th Floor, Suite 1, Chamber of Commerce Building, T (009661) 4031500, F 406911

SCHWEDEN, Tysk-Svenska Handelskammaren, 11182 Stockholm, Munkbron 9, Box 1223, T (00468) 217554, 217561, 217569

SCHWEIZ, Handelskammer Deutschland-Schweiz, 8001 Zürich, Talacker 41, T (0411) 2213702, F 812684

SPANIEN, Cámara de Comercio Alemana para España, 28046 Madrid, Paseo de la Castellana, 18, T (00341) 2754000, F 42989

SÜDAFRIKA, S.A.-German Chamber of Commerce and Industry Ltd., Johannesburg 2001, 7th Floor, Metal Box Centre, Corner Owl Street & Empire Road Milpark, Johannesburg 2006, P.O.B. 91004, T (002711) 4821080, F 424402

TAIWAN, German Trade Office, Taipei, 15 Floor, Empire Bldg. No 87, Sung Chiang Road, T (008862) 5096028, 5062467, F 26226

THAILAND, German-Thai Chamber of Commerce, Bangkok, 699 Silom Road, P.O. Box 1728, T (0062) 2362396, F 82836

TÜRKEI, Der Delegierte der Deutschen Wirtschaft, TR-80070 Beyoğlu-Istanbul, Istiklal Cad. 251-253, Örs Pasaji Kat 4, T (00901) 1518312/13/14, F 38310

TUNESIEN, Chambre Tuniso-Allemande de l'Industrie et du Commerce, Tunis-Mutuelleville, 11, Rue Med Ali Tahir, T (002161) 283891, F 13680

URUGUAY, Cámara de Comercio Uruguayo-Alemana, Montevideo, Calle Zabala 1379, Casilla de Correo 1499, T (005982) 953521, 953758, F 23121

VENEZUELA, Cámara de Comercio e Industria Venezolano-Alemana, Planta baja Urb., Calle 8, Edif. el Morro, Caracas-1060 A, Apartado 61236, T (00582) 2412502, 2413526, 2412997, F 29691

VEREINIGTE STAATEN VON AMERIKA (USA), German American Chamber of Commerce, New York, N.Y. 10103, 666 Fifth Avenue, T (001212) 9748830, F 234209